芥川也寸志とその時代

戦後日本映画産業と音楽家たち

藤原征生

国書刊行会

芥川也寸志とその時代

戦後日本映画産業と音楽家たち

目次

目次

凡例

・引用文は、短文はかぎ括弧「　」で、長文は改行しインデントで表記した。
・引用文中にあるかぎ括弧は、二重かぎ括弧『　』に変更した。
・引用文中の省略は［……］で表した。なお、引用の都合上、漢字表記や仮名遣いを一部改めた。
・引用文中の改行はスラッシュ／で表した。
・引用者による補足は亀甲括弧〔　〕で表し、「引用註」の文言を加えた。
・映画題名は二重かぎ括弧『　』で表し、各章の初出時には丸括弧内に監督名および製作年を併記した。
ただし、前後で情報がわかるものは割愛した。
　例：『猫と庄造と二人のをんな』（豊田四郎監督、一九五六年）
・演奏会用作品は二重山括弧《　》で表した（①）。
映像音楽は基本的に映像作品名に基づいて表した（②）が、音源がサウンドトラック盤などで発売されたものや、作品として独立した価値を持つと考えられるものについては、二重山括弧で表した（③）。
　例：①《交響管弦楽のための音楽》②『地獄変』メイン・タイトル ③《赤穂浪士のテーマ》
・音名および調性についてはドイツ語で表した。
・文中、必要と考えられる場所に元号を適宜併記した。
・文中の譜例については、一部を除いて筆者が研究のため映像素材より採譜し、城谷伶氏が校閲した。
・「3人の会」の表記については、一重かぎ括弧と算用数字を用いる〝「3人の会」〟に統一した。
（詳しくは本文九頁の註三を参照）
・芥川也寸志の演奏会用作品でしばしば混在する「弦」と「絃」の表記については、各文献を参照・検討したうえで、本書では「弦」に統一した。

序言

昭和、そして戦後日本の作曲家・芥川也寸志

二〇一九年五月、日本では三一年続いた平成の時代が終わり、元号が令和に改められた。それに先立つ同年一月末、ある作曲家が没後三〇年を迎えた。その名は芥川也寸志（一九二五―八九年）である。

芥川也寸志は一九二五（大正一四）年七月一二日、東京に生まれた。『羅生門』『鼻』などで知られる作家・芥川龍之介（一八九二―一九二七年）の三男で、長兄は俳優・芥川比呂志（一九二〇―八一年）である。[*1] 父親のことは彼が二歳を迎えて一〇日あまりで自殺したため記憶にないというものの（芥川一九八一、五九頁）、彼を音楽の世界へと導いたのは、他ならぬ龍之介が遺した蓄音機と七八回転盤レコードだった。[*2] その中でもイーゴリ・ストラヴィンスキー（一八八二―一九七一年）の音楽を愛好し、「アマゾンごっこ」と称した兄弟たちとの遊びで《火の鳥》のレコードを背景音楽に使ったり、その一節を口ずさみながら通学したりしていたという（『芥川也寸志――その芸術と行動』、三八―三九頁）。当時の現代音楽の最前線で活躍していたこの作曲家――芥川の幼少期には大スキャンダルを巻き起こした《春の祭典》の初演（一九一三年）から二〇年程度

1 比呂志とは『煙突の見える場所』（五所平之助監督、一九五三年）や『別れて生きるときも』（堀川弘通監督、一九六一年）などの劇映画で（比呂志が出演、也寸志が音楽を担当して）仕事を共にしているだけでなく、『佐久間ダム　総集篇』（高村武次監督、一九五八年）『花嫁の峰　チョゴリザ』（伊勢長之助構成、一九五九年）、『巨船ネス・サブリン』（楠木徳男・富沢幸男監督、一九六一年）などの記録映画において、比呂志のナレーション、也寸志の音楽という組み合わせをしばしば見いだすことができる。なお、次兄の多加志（一九二二年生まれ）は一九四五年四月にビルマで戦死している。

2 レコードの中身は「コロムビア盤の（引用註・ストラヴィンスキー）自演の〝ペトルウシュカ〟、ドイツ・ポリドールのこれも自演の〝火の鳥〟、この二曲が枚数からいえば大部分を占め、あとはブルンスウィック盤でリヒアルト・シュトラウスの〝サロメの踊り〟が一枚、コロムビア盤でモーツァルトの〝魔笛序曲〟が一枚、それにブルンスウィックでだれが弾いていたのか思い出せないが、ショパンの〝ノクターン〟が一枚、それで全部だった」という（芥川一九八一、一四頁）。

しか経っていなかったことを思い起こすべきである――に早くから馴染んだことは、彼の音楽観の形成に多大な影響を与えた。本格的に音楽の道を志したのは、東京高等師範学校附属中学校（現・筑波大学附属高校）在学中のこと。晩学を取り戻すべく猛勉強を開始するが、無理がたたって肋膜炎を発症し、半年間の休養を余儀なくされた。一九四三（昭和一八）年に東京音楽学校（現・東京藝術大学音楽学部）に入学。橋本國彦（一九〇四―四九年）、下總《しもおさ》皖一《かんいち》（一八九八―一九六二年）らに師事して研鑽を積んだ。一九四四（昭和一九）年には、音楽学校在学のまま陸軍軍楽隊へ入隊。テナー・サクソフォンを演奏するほか、吹奏楽曲の作編曲に従事した。軍楽隊の同期には、戦後に芥川とともに映画音楽で活躍する團伊玖磨（一九二四―二〇〇一年）や斎藤高順《たかのぶ》（一九二四―二〇〇四年）らがいた。終戦を期に東京音楽学校へ復学したのち、一九四七（昭和二二）年に東京音楽学校本科を卒業、一九四九（昭和二四）年には同研究科を修了。在学中に《ラ・ダンス》や《交響三章》（ともに一九四八年）がＮＨＫのラジオで放送初演されるなど、その存在は早くから注目を集めていたものの、研究科修了の翌年である一九五〇（昭和二五）年に、《交響管弦楽のための音楽》が團の《交響曲イ調（交響曲第一番）》とともにＮＨＫ主催の放送開始二五周年記念管弦楽作品コンクールに特選入賞したことで、第一線級の作曲家としての地位を確固たるものにした。さらに、一九五三（昭和二八）年には團、黛敏郎（一九二九―九七年）とともに「３人の会」[*3]を結成。作曲家みずからがフル・オーケストラを指揮する作品発表会やメディアへの積極的な露出など、当時の楽壇では異例なまでの華々しい活動で広く耳目を集めた。以降もうたごえ運動や勤労者

3　「3人の会」の表記については、主に漢数字／算用数字表記やかぎ括弧の有無によって複数パターンが存在し、文献によりさまざまに異なるのが現状である。本書では、彼らの結成挨拶文に記された「名前は〝3人の會〟といたします。」（新・3人の会、六五頁）という文言と、大阪国際フェスティバルの一環として開催され、彼らの実質上の最後の演奏会となった第五回作品発表会のプログラム（『第五回　大阪国際フェスティバル・スーベニヤ・プログラム　第四巻』［大阪国際フェスティバル協会、一九六二年］）で用いられた算用数字とかぎ括弧を用いた団体名表記を根拠に、算用数字表記・かぎ括弧つきの「3人の会」表記で統一する。

音楽協議会（労音）への参画、[4]アマチュア・オーケストラの育成、[5]著作、ラジオやテレビ番組の司会、CM出演、さらには音楽著作権運動の旗振り役など、作曲にとどまらない多彩な活動を繰り広げた。一九八九（平成元）年一月三一日、肺炎のため死去（六三歳没）。芥川は大正の終わりに生まれ、戦後の日本文化に多大な足跡を残し、平成のはじまりに没した。たとえば「3人の会」を結成した昭和二八年に彼は二八歳だったように、偶然とはいえその年齢は元号の年数とぴったり重なっていた。文字通り、昭和という時代を駆け抜けた生涯だったのである。

芥川はデビューから没するまで日本の音楽界のトップランナーとしてひた走り、演奏会用作品のみならず、映画やラジオ、テレビのための音楽など、商業音楽の分野でも大きな成功を収めた。[6]言うまでもなく、彼が旺盛に音楽作品を発表した昭和二〇年代から昭和四〇年代にかけての日本では、映画が娯楽の主たるものとして君臨していた。松竹・東宝・大映・新東宝・東映・日活のメジャー六社（一九六一年の新東宝倒産後は五社）を中心に、各社が新作映画を続々と公開し、おびただしい数の人々が映画館に足を運んでいたのである。映画との関わりは第一章で詳しく触れるが、当時の作曲家たちの例に漏れず、芥川も映画の世界に浅からぬ関わりを持っていた。それだけではなく、映画音楽デビューを果たしてまだ日も浅いうちに毎日映画コンクール音楽賞やブルーリボン賞音楽賞を受賞するなど、この分野でも大きな成功を収めた。その成果は、芥川の功績を語るうえで欠くべからざるものである。

4 うたごえ運動・勤労者音楽協議会（通称「労音」）は、ともに一九六〇年代に最盛期を迎えた大衆音楽運動である。前者は声楽家で日本共産党員でもあった関鑑子《あきこ》（一八九九―一九七三年）の主導によって進められた運動で、生活と音楽を結び付けることを目的として全国各地に合唱サークルが組織された。後者は労働者のための音楽普及を目的として設立された組織で、音楽鑑賞団体や演奏サークルなどの音楽団体のほか、創作ミュージカルの自主公演も行った。これらの活動に対する芥川の関わりについては、林光「大衆音楽運動と芥川也寸志」（『芥川也寸志――その芸術と行動』、八六―九四頁）に詳しい。

5 芥川が深く関わったアマチュア・オーケストラである新交響楽団は、東京労音が一九五五年に結成した「東京労音アンサンブル」が母体となっている。芥川は同楽団の旗揚げから携わり、一九六六年に東京労音からの独立を果たしたあとも終生密接に関わり続けた。

芥川の映像音楽を通じた戦後日本映画／音楽史の再検討

本書をはじめるにあたり、改めて問いを立てたい。日本の作曲家の中で芥川也寸志を取り上げて研究すること、そしてその作品の中でも映像音楽に焦点を絞る意義とは、いったい何であろうか。

長木誠司が指摘するように、アメリカの音楽界などとは大きく異なり、日本の楽壇においてクラシック音楽の作曲家たちの多くは多かれ少なかれ映画や放送音楽との関わりを持っており、そのことが彼らの創作活動の発展において妨げになるどころか、むしろ映画の仕事に誇りを持っている作曲家が少なくなかった（長木、三四三―三四四頁）。それは芥川にも十分に当てはまる（もっとも、あとに触れるように生活の糧を得るために映画に関わらなければならないことにネガティヴな感情を抱いていたことは完全に否定はできないが）。それだけでなく、彼は他の作曲家たちにもまして映画音楽における試みを演奏会用作品に反映させたり、またその逆を行ったりして、創作における映画音楽と演奏会用作品との往還を活発に行った、日本の音楽史上に稀有な存在だといえる。演奏会用作品から映画音楽へ、そして映画音楽から演奏会用作品へと創作ジャンルの垣根を自由に飛び越えて行われる音楽語法の往還は、芥川の創作に通底する思想である。それにもかかわらず、芥川の豊穣な芸術を読み解こうとする試みは、不思議なことにこれまでほとんどなされてこなかった。

芥川が遺した諸作品の相互関係を深く理解することは、作曲家・芥川也寸志の全貌を明らかにするために欠くべからざる要素である。そのためには、演奏会用作品以上に映

6　本書では、芥川が手がけた映画のための音楽を主として取り上げる。当該分野の音楽について、本書においては基本的に「映画音楽」と称するが、テレビの音楽にも言及する際には便宜上「映像音楽」という語を用いることとする。

画作品へまなざしを向ける必要がある。芥川は映画音楽だけでも一〇〇を超える作品に携わっており、その数は彼の演奏会用作品を優に上回る。そして、彼が二〇代から三〇代にかけて積極的に携わった、團伊玖磨・黛敏郎との「3人の会」の輝かしい活躍もまた、映画やテレビというキーワードを通じて眺めてみると、これまでとは違った景色が立ち上がってくる。

戦後日本の音楽界でスターとして華々しく活躍した「3人の会」、そして戦後日本の音楽界で中心的役割を果たした芥川の映画音楽について論じることは、これまで論じられることのなかった戦後音楽史と戦後映画史に跨る歴史の一断面を再検討することに繋がる。没後から一年半経って刊行された評伝のあとがきにおいて、編著者である秋山邦晴は「まだこれからも、さまざまな事実があらためて登場してくるにちがいない。そうした資料的正確さは、今後も多くの方々のご協力をえて、この本をさらに正確な芥川也寸志の芸術とその行動の記録としていきたい」（『芥川也寸志――その芸術と行動』、二九二頁）と述べた。それから三五年経った現在、その書籍は久しく絶版であり、改訂の機会も設けられずにきた。いまこそここで中断された作業を進めなければならない。

第一章

芥川也寸志の音楽作品における映像音楽の量的・質的重要性

本章では、芥川の音楽作品の特徴や研究史の整理、そして芥川の音楽作品における映像音楽の重要性、ひいては映像音楽を研究することの意義を論じる。最後に本書全体の構成を示し、全体への導入としたい。

第一節　芥川音楽作品の特徴

芥川の音楽の特徴について、作曲家の毛利蔵人は次の五点を挙げている（毛利、五頁）。

一　旋律が明瞭で美しい。
二　リズムがはっきりしている。特にテンポの速い曲では、オスティナートに乗ったシンコペーションが著しい。
三　和声構造が明確である。
四　楽曲構成の起承転結がはっきりしている。
五　それぞれの楽器の機能が充分に発揮できるように書かれている。

また、西川尚生は「芥川の創作を語る上で欠くことのできないトピック」として自作の改作・転用が多いという点を指摘している（西川、五七頁）。

これら先行研究において指摘されている芥川音楽の特徴をまとめると、おおむね以下のようになる。

一　明快な曲想
二　オスティナートの多用
三　自作の改作や流用を頻繁に行う

第一の特徴に関して、本人は「どちらかというと、私自身は物事をやや深刻に考え過ぎる欠点を持っているのに、私の音楽はその反対で、重苦しい音をひっぱり回して深刻ぶるようなことは、およそ性に合わない」（芥川一九八一、五〇頁）と述べている。この形容はすべての作品に当てはまるわけではないものの、とりわけ《交響三章》のフィナーレや《交響管弦楽のための音楽》の第二楽章など、初期の管弦楽作品に顕著に見いだせる。

この特徴を強固に支えているのがリズムの快活さであり、そこに通底するのが第二の特徴として挙げられるオスティナート（執拗反復、短い楽句を繰り返す音楽語法）の多用である。

芥川の強いオスティナート指向は、彼の最初期の楽曲で一九六〇年代に「作品一」と銘打って出版されたピアノ曲[*7]《ラ・ダンス》においてすでに顕著である。急・緩ふたつの舞曲にインテルメッツォ（間奏曲）を伴うこの作品は、三曲とも僅かなモティーフが

7　芥川は東京音楽学校入学以前にすでに作曲をはじめ、音楽学校在学中にも《弦楽四重奏曲》などの作品を生み出しているが、《ラ・ダンス》以前の楽曲は本人によって破棄されている（ただし、前述の《弦楽四重奏曲》のほか一九四七年に作曲されたはじめての管弦楽曲《交響管弦楽のための前奏曲》は楽譜が現存）。

譜例Ⅰ-1 《ラ・ダンス》インテルメッツォ　冒頭のバッソ・オスティナート

譜例Ⅰ-2 《ラ・ダンス》Ⅱ　冒頭主題
曲中ではとりわけ後半小節上声部の（E-D-D-D-E）という音型が繰り返される。

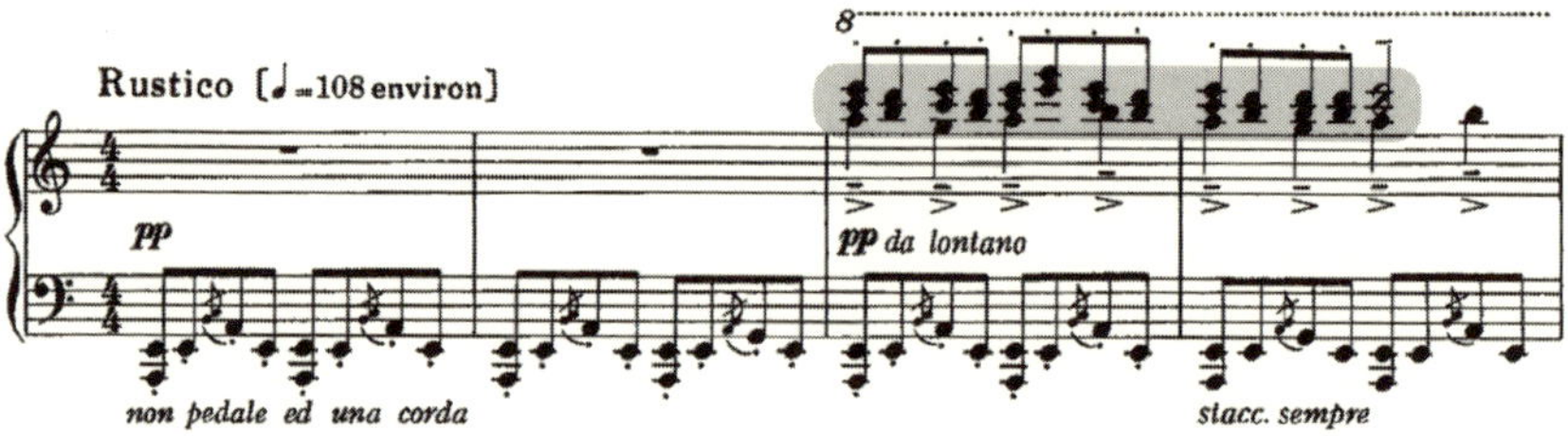

譜例Ⅰ-3 《ラ・ダンス》Ⅱ　副主題
ここはDes-durだが、曲中ではさまざまな調性で出現する。

巧みに変型されて用いられる。たとえばインテルメッツォでは、左手がD-G-H-A-G-A-E-C-D-F-G-Eからなるオスティナート音型（譜例I-1）をはじめから終わりまで一貫して繰り返し、[*8]続く第二の舞曲では、僅かな例外を除いてふたつのモティーフ（譜例I-2およびI-3）だけで曲が構成されている。

自作の改作や流用を頻繁に行う点に関しては、特に映像音楽に顕著に見られる特徴であるため、次節で詳しくみることにする。

第二節　芥川映像音楽の特徴

前節でまとめた三つの特徴は芥川の音楽作品全体に通底する特徴だが、映像音楽においては、それら三つに加えて以下の特徴を見いだすことができる。

四　モティーフの流用
五　（時代が下るにつれて）テーマ音楽を中心に据えた音楽設計が顕在化する
六　特徴的な楽器（具体的にはむちとチェンバロ）の使用

四の特徴は実質的には三と同様であるが、映像音楽においては比較的短いモティーフ

8　なお、このインテルメッツォは翌一九四九年に管弦楽編曲がなされたのち〈Basso Ostinato〉と改題され、《小管弦楽のための組曲》の一曲に組み込まれている（同作は二曲構成で、二曲目は〈トッカァタ〉である）。芥川の流用・改作主義の顕著な一例である。

が複数の作品にわたって繰り返し用いられる様子が確認できる。たとえば、芥川の作品中もっとも人口に膾炙した『赤穂浪士』（NHK大河ドラマ、一九六四年）のメイン・テーマの旋律も、彼がそれ以前に手がけた映画に何度か現れることが確認できる。具体的には、一回目が『たけくらべ』（五所平之助監督、一九五五年）、二回目が『花のれん』（豊田四郎監督、一九五九年）、三回目が『ぼんち』（市川崑監督、一九六〇年）である。つまり、このモティーフは『赤穂浪士』で四度目の登場となる。複数のモティーフを、二度のみならず四度までも使い続けた例は、音楽史上でも他に類を見ない。

そして、芥川の映像音楽を概観すると、後期の作品になるにつれてテーマ音楽を中心に据えた音楽設計が顕著になることが見て取れる。このことについては、芥川本人が一九七〇年代後半のインタビューで自身の映像音楽に対する理想が変わったことを参照としつつ、第四章で詳しく論じる。

また、彼の音楽を彩る特徴的な楽器、具体的にはむちとチェンバロの使用についても言及する。どちらの楽器についても、芥川は日本あるいは世界の作曲家たちに先んじて映像音楽に取り入れており、他の作曲家とは一線を画することがはっきりと確認できる。

ここに指摘した芥川の映像音楽における三つの特徴は、そのまま本書の構成に反映される。具体的には、第三章でモティーフの流用について、第四章でテーマ音楽の強調について、第五章でチェンバロの使用について論じる。これら三つの要素に、芥川が当時の活動の中心に据えていた團・黛との「3人の会」を映画・テレビとの関わりから論じる第二章、さらに芥川の手がけた映像作品の中でもモティーフの流用と「3人の会」との繋がりが顕著に見いだせる作品について具体的に分析する第六章を付け加え、芥川と「3人の会」の映像音楽での功績を、従来にない視点から立体的に考察したい。

第三節　映像音楽作曲家としての芥川也寸志――その経歴

芥川の経歴については序言にて触れたが、ここで彼の映像音楽における経歴についても触れておきたい。そのためには、彼がどのような作曲家たちから影響を受けたかについて述べる必要があるだろう。

芥川に大きな影響を及ぼした作曲家として、五人の名が挙げられる。まず、前述したストラヴィンスキーに加えて、ドミートリイ・ショスタコーヴィチ（一九〇六―七五年）とセルゲイ・プロコフィエフ（一八九一―一九五三年）である。芥川がその知名度を高めていく契機となった初期の管弦楽曲には、とりわけこの二名の影響が色濃くうかがえる。たとえば、《交響三章》のフィナーレにおけるある楽想は、八分音符と一六分音符が組み合わさった半音階的進行をもつ下降音型が細かく繰り返され、その様子はショスタコーヴィチの《交響曲第一番》（一九二五年）の第二楽章の主題を彷彿とさせる（譜例Ⅰ-4およびⅠ-5）。

譜例Ⅰ-4 《交響三章》（芥川也寸志）フィナーレ　第二ロンド主題

譜例Ⅰ-5 《交響曲第一番》（ショスタコーヴィチ）第二楽章　主題

さらに、この三人のロシア系作曲家とともに、伊福部昭（一九一四―二〇〇六年）と早坂文雄（一九一四―五五年）というふたりの日本人作曲家の影響も見逃すことはできない。この二名は公私ともに芥川と深く関わり、直接的に大きな影響を及ぼした。ともに一九一四年生まれで北海道出身、またどちらも映画音楽を数多く手がけており、彼らこそが芥川を映画の世界へ引き入れた張本人である。

そして伊福部は、芥川にとって作曲の師でもある。彼は戦前・戦中は故郷の北海道に在住し、林野局に勤務する傍ら作曲に勤しんでいたが、戦後、人事改革を敢行した東京音楽学校に招聘された。そこでの伊福部の講義に芥川は人生観が変わるほどの強い感銘を受け、作曲を仕事として生きていく確固たる決意を抱く。興奮冷めやらぬ彼は、当時栃木県の日光に住んでいた伊福部のもとに押しかけて数日間滞在したほどであった（芥川一九八一、九二―九三頁）。また、伊福部がはじめて手がけた映画音楽であり、谷口千吉の初監督作かつ三船敏郎のデビュー作でもある『銀嶺の果て』（一九四七年）では、芥川はピアノ独奏として録音に参加している。同作の音楽はピアノがトーンクラスターによる上昇音階を奏でてはじまるが、二〇〇作品以上にわたって連綿と続いていく伊福部映画音楽のまさに第一音目が愛弟子である芥川によって奏でられているという事実は、ふたりの師弟関係を考えるうえで象徴的である。*9

　同じ頃、伊福部は芥川を連れて早坂の自宅を訪ねている。西村雄一郎によると、早坂と芥川が邂逅したのは一九四七年一一月一五日であり、この日の早坂の日記には、「自分に最も近き大作家は自分にとって最も危険なる存在である」と記されている（西村、四六一頁）。「自分に最も近き大作家」とは、伊福部が芥川を早坂に紹介するときに「大作家（芥川龍之介）の息子で、君（早坂）と作風が似ている」と説明したことに由来すると考えられる（西村、四六一頁）。文面こそおどろおどろしいが、早坂のこのコメントは芥川への敵意の表れではなく、有能な後輩の出現を自戒の念を込めて歓迎するものだと解釈すべきである。実際に、早坂は折に触れてこの後輩作曲家に目をかけており、『愛よ星と共に』（阿部豊監督、一九四七年）や『四つの恋の物語』（豊田四郎・成瀬巳喜男・山本嘉次郎・衣笠貞之助監督、一九四七年）などでは、芥川にオーケストレーションを任せてもいる。これは芥川にとってはじめて映画のための音楽の実作に携わる経験で、映画音楽の作曲家としてのキャリアの第一歩であった。

　このように、芥川は日本映画音楽史の発展期を担うふたりの作曲家に導かれるように

9 小林淳はふたりの師弟関係について、芥川が生前最後に完成させた作品が一九八八年二月に催された伊福部昭の勲三等瑞宝章受章記念演奏会のために作曲された《ゴジラの主題によせるバラード》（一九八八年）であることを踏まえ、「芥川の作曲活動は、師・伊福部昭に献上した本曲が締めくくった。偶然といってしまえばそれまでだが、この事実にこそ、芥川の音楽家としての来し方が象徴されていると思われてならない」と感慨深げに評している（小林二〇〇一、一三六―一三七頁）。

して映画界への関わりを持つことになったが、彼がはじめて独力で映画音楽を手がけたのは、一九五一年公開の『えり子とともに』二部作（豊田四郎監督）においてだった。同作は当時人気を博したＮＨＫのラジオドラマの映画化で、ラジオ版の音楽を担当していた芥川が映画版でも続けて起用されたのである。これを機に、彼は映画の仕事を数多くこなすようになり、一九五四年には『煙突の見える場所』（五所平之助監督、一九五三年）の音楽で毎日映画コンクール音楽賞を、『煙突の見える場所』、『夜の終り』（谷口千吉監督、一九五三年）と『雲ながるる果てに』（家城巳代治監督、一九五三年）の音楽でブルーリボン賞音楽賞――音楽賞は一九五三年に創設、芥川は受賞第一号である――をそれぞれ受賞するなど、映画音楽の作曲家としても着実にキャリアを重ねていく。以降、『疑惑』（野村芳太郎監督、一九八二年、音楽は毛利蔵人との共作）に至るまで、約三〇年で約一一〇本の映画音楽を生みだした（詳細は巻末のフィルモグラフィを参照のこと）。

第四節　芥川也寸志の創作期区分

芥川のフィルモグラフィに注目すると、一九五一年の『えり子とともに』から毎年何本も手がけていた映画音楽が、『影の車』（野村芳太郎監督、一九七〇年）から『砂の器』（野村芳太郎監督、一九七四年）までの約四年間は途絶えていることがわかる。[*10] この頃、

10『砂の器』における芥川の役割は「音楽監督」であり、実際の作曲は菅野《かんの》光亮《みつあき》（一九三九―八三年）が担当した。芥川が映画音楽の作曲をふたたび手がけるのは、さらにのちの『八甲田山』（森谷司郎監督、一九七七年）においてである。

芥川はテレビやラジオのレギュラー番組や雑誌連載を抱え、アマチュア・オーケストラの育成にも携わるだけでなく、ヤマハ音楽振興会やサントリー音楽財団といった団体の理事に就任するなど、作曲家・タレント・教育者・事業家として多忙を極めていた。そのような状況において、拘束時間の長い映画音楽の仕事が足かせになることは容易に想像がつく。さらにこの時期は日本映画界の停滞期とも重なり、映画音楽の仕事そのものが減少していたという事情も空白期の出現に少なからぬ影響を及ぼしているだろう。芥川の映画音楽のキャリアは、この空白期を境として、一九五一年から一九七〇年までのI期と一九七四年から一九八二年までのII期というふたつの活動期に分けて考えることができる。

片山杜秀は、芥川の作曲家としての創作期を三期に分けている（片山一九九九、一二二―一二三頁）。すなわち、一九四七年から一九五七年までの「リズミックでスピーディで強靱なオスティナート音楽への志向［……］、甘くカンタービレな志向、［……］いかにも相性の悪そうな、この二つの志向を、ソヴィエト音楽［……］に範をとりつつ、いともたやすげに共存、相乗させ」（同、一二二頁）た第一期、一九五八年から一九六七年までの「アレグロのオスティナート音楽はまだ部分的に健在でも、リリカルな旋律性の方はすっかり影を薄くし、代わりにクロマティズムに彩られた鈍く渋い音色の流動が姿をあらわす［……］」、「前衛の時代」にもまれながらの、芥川なりの模索期、ないしは試行錯誤期」（同、一二二―一二三頁）である第二期、そして一九六八年から晩年までの「第二期に得た前衛的な書法を曲によっては生かしながらも、大筋においては第一期の延長線上に作風を軌道修正した」(同、一二三頁)第三期である。筆者が設定した映像音楽に関する時代区分と片山のこの区分を比較すると、第一期および第二期がⅠ期、第三期がⅡ期にそれぞれ対応する[*11](以下、本書で時代区分について言及する場合は、ここでの区分に基づくものとする)。

第五節　芥川也寸志に関する先行研究——その批判的考察

富樫康『日本の作曲家』(音楽之友社、一九五六年)や秋山邦晴『日本の作曲家たち』上下巻(音楽之友社、一九七四年)、あるいは『日本の作曲20世紀』(音楽之友社、一九九九年)に収められた片山杜秀の論考など、芥川について言及した文献はいくつか存在している。その中でも、もっとも規模の大きい芥川に関する研究は、芥川死去の翌年に発行された『芥川也寸志——その芸術と行動』(東京新聞出版局、一九九〇年)である(以下、本書で当該文献を引用する際は〝芸術・行動〟と略記する)。芥川本人と親しく付き合い、存命中からその芸術を折に触れて評価していた秋山邦晴が中心となって編纂したこの書籍には、芥川の未発表原稿、年譜、作品一覧のほか、芥川と秋山の未公開対談や、関係者の回想、さらには秋山による「芥川也寸志作品論ノート——あるいは、そのオスティナートの思想の冒険と転移——[*12]」や「芥川也寸志の映画音楽に関する小論」といっ

11 なお、筆者の区分はあくまで芥川の映像音楽の活動期に関する区分であり、音楽上の様式の変化による区分ではない。そもそも、はじめに述べたように芥川の音楽には(片山の言を借りるならば)「オスティナート音楽への志向」が通底しており、その点では音楽上の様式はある程度一貫しているといえる。

12 なお、この文章は前掲の秋山の著作に収められた文章を再録したものである。

た論文も収められている。また秋山は、一九七〇年代に『キネマ旬報』誌上で「日本映画音楽史を形作る人々」と題した日本の映画音楽史に関する連載を行っており、その第六回として芥川が登場していることも見逃せない。そして、西川尚生は「芥川也寸志《交響曲第一番》の成立」において、初期の代表作《交響曲第一番》（一九五四年初演／一九五五年改訂）の成立を、自作からの流用という、芥川音楽の特徴としてたびたび言及されてきたもののそれまで具体的に論じられてこなかった点に着目して、その成立について精緻な分析を行った。流用・改作という点は、奥平一もCDのライナーノートや演奏会のプログラムなどでたびたび具体的な作品を挙げてその関係性を論じている。[*13] また、柴田康太郎は「一九五〇～六〇年代の日本映画におけるミュジック・コンクレート　黛敏郎・芥川也寸志・武満徹による音響演出」において、一九四〇年代後半から五〇年代前半にかけて日本の音楽界を賑わしたミュジック・コンクレートが映画界へ及ぼした影響を、黛敏郎・芥川也寸志・武満徹という三人の作曲家の実践例を取り上げて論じ、その中で芥川が音楽を手がけた『夜の終り』および『男性飼育法』（豊田四郎監督、一九五九年）の音響設計についての詳細な分析を行っている。芥川の映画音楽に関して、一つの作品を中心に据えて具体的に扱った先行研究としては、小林淳の『日本映画音楽の巨星たちⅡ』（ワイズ出版、二〇〇一年）が挙げられる。同書で小林は、『八つ墓村』（野村芳太郎監督、一九七七年）を取り上げてその音楽設計を物語に即して分析している。

しかしながら、少ないながらも存在するこれらの重要な先行研究にも問題点がまったくないわけではない。たとえば秋山の場合は、『太平洋ひとりぼっち』（市川崑監督、一

13 主なものとして、『オーケストラ・ニッポニカ　第17回演奏会　芥川也寸志　管弦楽作品連続演奏会・その3（於・ティアラこうとう、二〇一〇年三月一四日）』演奏会プログラム、二〇一〇年。

九六三年）の「母と妹の回想シーンに、芥川の《弦楽のためのトリプ《マ》ティー《マ》ク》の一部がきかれたりする」（芸術・行動、二五八頁）といった類いの記憶違いに基づく誤った記述が散見される。秋山の指摘には当該場面が『太平洋ひとりぼっち』の何分頃に登場するのかという記述がないため（映像研究としては、この点も不十分である）、場面を厳密に特定することはできないものの、おそらく、本篇終盤に挿入される主人公・謙一（石原裕次郎）の回想場面――彼の出発直前に母（田中絹代）と妹（浅丘ルリ子）で催したささやかな宴で、妹から餞別として手作りのクッションを手渡される――に流れる音楽（1:20:39-1:21:30）を指していると推定できる。たしかにこの音楽は、楽器編成および調性が同じであることから〈子守唄（Berceuse）〉と題された《弦楽のための三楽章（トリプティーク）》の第二楽章をたやすく想起させるが、注意深く聴くとこの音楽はそれとはまったく異なることがわかる。一九九〇年という刊行年を踏まえると、多くの映像ソフトが容易に入手でき本篇が随時参照可能である現在の恵まれた状況とはかけ離れた環境で執筆されたことが推察され、ある程度は致し方ないことと思われる。しかし、一見したところ非常に似通っていながらも楽器編成や用法などの僅かな違いが細かく積み重なって差異が生み出される繊細さこそ彼の音楽の特性であり、それを識別してこそ芥川の音楽を正当に評価できるとも考えられ、その点で秋山の分析は行き届かない感じが否めない。ともあれ、芥川本人に近しい関係者たちが集まってまとめたこの書籍が、芥川研究の出発点として重要な位置を占めていることに変わりはない。

また、柴田の研究は論文のテーマの中心を日本の映画音楽におけるミュジック・コンクレートの実践に据えているため、芥川がもっとも頻繁に用いた音楽語法であるオスティナートやモティーフの流用といった要素が深く言及されずに終わってしまっているきらいがある。そして、芥川の音楽作品におけるモティーフの流用の問題を扱った西川の研究においても、芥川作品における映画音楽の位置づけは満足に検討されているとは言い難い（この点は奥平も同じだと言える）。さらに小林の『八つ墓村』の分析では、後述するように本作品では芥川が生涯を通じて自身の手がける映像音楽に頻繁に流用した重要なモティーフが作品の音楽設計の中核をなしているにもかかわらず、それに関する言及が一切ないのである。

一九五〇年代初頭から一九六〇年代の末までのおよそ二〇年間で、芥川は劇映画・記録映画を含めて約一〇〇本の映画作品に携わった（数は少ないながらも『赤穂浪士』をはじめとするテレビ作品にも音楽を提供した）。芥川の演奏会用作品の総数が約八五作品ということを考えれば、芥川の芸術を論じるうえで軽視できない量であることは明らかである。また、芥川が映画に積極的に携わった一九五〇年代初頭から一九六〇年代の末は、そのまま日本映画がもっとも活発に作品を作り続けていた時期とも重なり、日本映画の繁栄を音楽面からも支えたという点で、作曲家・芥川也寸志が日本映画史研究においても重要な存在であることは明らかである。そして、先行研究ではそれほど明らかにされてこなかった、各作品の間でしばしば行われるモティーフの往還をできるだけ詳しく解明することは、音楽学においても映画学においても新たな知見を提供することになるだろう。

第六節　「日本の映画音楽」を研究する意義

ところで、従来の音楽学における作曲家研究ないしは作品研究とは、ある作曲家の演奏会用作品あるいは歌劇などの芸術音楽作品についてのみ言及することが意味されていた。裏を返せば、それはこれら以外のジャンルに属する音楽作品、具体的にはミュージカルや本書が主たる研究対象に据える映画音楽といった商業的な音楽を周縁へ追いやってきたことに他ならない。

映画の音楽に関する研究は、従来映画研究・音楽研究の双方から等閑視されてきた分野である。長木誠司がいみじくも述べるように、映画研究者が「主として映像に関する視覚的イメージ分析を得意にする反面、音楽には苦手意識を告白し続けてきた」一方で、音楽研究者もまた「映像についての希少な知識を恥じて避けるか、あるいは『映画音楽』というジャンルの退嬰的な様式を蔑んで、その音楽の分析を眼中に置かなかった」（長木、三四五頁）からである。近年、この状況は改善しつつあるとはいえ、あたかも「不純」な音楽作品があることを念頭に置いたような「純音楽（作品）」という言い回しは当たり前のようになされるし、筆者自身の経験として、「音楽の専門ではないが」「映画の専門ではないが」という前置きとともに音楽研究者や映画研究者からコメントを受けたり、音楽関係の学会発表では映画用語を、映画関係の学会発表では音楽用語を説明することからはじめなければならなかったりするのは日常茶飯事である。

現在の、とりわけ日本語における映画音楽研究でもっとも問題であることは、音楽的事項の分析に偏重するあまりに映像に関する言及が乏しい点である。より具体的には、映画作品の場面に即した、さらに言えば実際の画面を引き合いに出した分析例が少ないのである。幾人もの作曲家[*14]が映画音楽は映像なしには成立しえないことを繰り返し説き、映画本篇で使われた音楽を映画のダビング用マスターテープから音源化することを頑なに認めないように、その音楽は本来映像抜きには語られることのできないものであり、分析にあたっては場面の静止画の引用、あるいは少なくとも場面を詳述する文章があって然るべきである。映像と音響の分析を主体とする映画学的手法で映画音楽を論じる必要がここに見いだせよう。また、音楽的事項の分析とても十分になされているとは言えない。映画の音楽を分析するために映画のスクリーンショットが引用されることは滅多にないが、譜例が示される可能性はそれ以上に望むべくもないからである。

この状況を是正するために本書がなすべきことは何であろうか。

まず、これまで省みられる機会が少なかった作曲家・芥川也寸志の映画音楽での仕事ぶりを、その映像・音響構成の具体例をできるだけ詳しく取り上げて記述すること。そして同時に、映画産業における作曲家を中心とした音楽家の役割を、芥川也寸志を軸に描き出すこと。演出・撮影・編集のみならず、美術・音楽などさまざまな専門的スキルを持つ各スタッフの協働のもとに行われる映画製作の実態を深く理解するために、踏査されるべきフィールドは数多く存在する。日本映画研究においては、その中でも音楽に

14 たとえば、映画プロデューサーの貝山知弘の証言によれば、團伊玖磨は一九七〇年代に東宝レコードから発売された「日本の映画音楽」シリーズから再三オファーを受けていたものの、映画のために録音したオリジナル音源を発売することを断固として認めなかったという(『映画雑徒』九号、二八頁)。第二章で詳述するように、團はテレビ番組ではみずからの映画音楽をひとつの作品に編み直して披露しており、映画音楽は映像と組み合わさってこそ本来の意図を達成すると考えていた節があったように推察される。

関する事項は入念に検証されてきたとは言い難い。これらを通して、本書では芥川の音楽に基づいて日本の映画作品の異なる価値を音楽面から見いだし、日本の映画音楽に関する研究が「映画映像・音楽研究の双方から継子扱いにされてきた」（長木、三四五頁）現状の打破を試みる。

第七節　本書の研究手法ならびに構成

芥川也寸志が映画においてなした功績を論じるために、本研究では芥川が手がけた映画（映像）音楽にできるだけ多くアクセスし、その映像と音響の構成を実証的に分析することを第一の目標とする。映像素材はＤＶＤ・Blu-ray Disc・ＶＨＳテープなどの映像ソフトだけでなく、ＢＳ／ＣＳ放送の録画、名画座などでの上映もその範囲とし、音声資料はＣＤ・レコード等で発売されたメディアを主要なものとする。文字資料は書籍のみならず、前述した音声ソフトのライナーノートも重要なものとして取り上げる。この手の文字資料には作曲家本人のコメントが所収されていることが少なくなく、実際に、本書の第三章はＣＤ『芥川也寸志の世界　オリジナル・サウンドトラック』（東宝ミュージック、一九九七年）のライナーノートに収められた芥川のインタビューに基づいて説き起こされるものである。そして映画（映像）音楽を扱う本書において避けて通ることのできない楽譜資料については、出版譜だけでなく明治学院大学図書館付属遠山一行記念日本近代音楽館（以下、本書では「日本近代音楽館」と略称）に所蔵されている芥川の手稿譜の調査と分析を二〇一五年から二〇二〇年にかけて行った。

芥川の映像音楽を論じるうえでひとつの問題となるのが、楽譜の残存率の低さ、さらに言えば映像資料と楽譜資料の残存率の食い違いである。《ラ・ダンス》の出版譜（音楽之友社、一九六七年）の「作曲者のことば」に「同時代に作った他のすべての作品は、すでに破棄してしまった」とあるように、芥川は存命中から自筆譜の破棄を自発的に行っていたと考えられ、映画音楽もその例に漏れない。たとえば、芥川の後期の映画音楽の中でも特に知られる『八つ墓村』でさえ、日本近代音楽館所蔵の自筆譜は後半部分がすっぽりと欠落しており、[*15] 本書において重要作として扱う『地獄変』（豊田四郎監督、一九六九年）や『台風騒動記』（山本薩夫監督、一九五六年）に至っては自筆譜の現存がまったく確認できない。映像音楽の中でも例外的に大量に楽譜が遺されているのはNHK大河ドラマ『赤穂浪士』（一九六四年）だが、録画機材が高価で貴重だった時代の作品ゆえに、放送史に残る高視聴率を記録したにもかかわらずこの作品は映像がほとんど残存しない。いずれにせよ、芥川作品の映像音楽には映像素材と自筆譜が共に欠落なく残存しているというものがほぼ存在しない。しかし、そのことが芥川の映像音楽に関する研究を放擲してしまう理由になりはしまい。幸い、『赤穂浪士』をはじめとするテレビ作品を除いて、芥川の手がけた約一一〇本の映像作品は、難易度にばらつきはあるものの、その大半がアクセス可能な状況にある。映像には当然音声が付随しており、

15 近年、この欠落部分が秋山邦晴の遺品の中から見つかったことが複数の関係者によって確認されている。

素材の状態が一定程度以上よければ、そこから採譜することは決して困難なことではない（実際に、本書で提示した譜例の大半は筆者が映像素材より研究のため採譜したものである）。

本書における筆者の構想は、第一章で芥川作品における映像音楽の重要性とそれを研究する意義、第二章で芥川が團・黛と結成した「3人の会」の映画・テレビにおける活躍とその功績を、第三・四・五・六章で芥川映像音楽の各論をそれぞれ取り上げるというものである。この意図に沿って、本書は全体として緩やかな三部構成をなしている。

第二章

「3人の会」超スタジオ・システム的存在としての作曲家グループ

第一節　日本映画産業史についての先行研究の整理とその問題点

近年、映画研究において映画の産業としての側面に注目した研究が活発である。日本映画研究では、戦後映画の発展に大きな影響を与えたとされながらも従来は学術的研究の対象となることが少なかった「五社（六社）協定」（以下、「協定」と略称する）の成立について一次資料を丹念に読み解いた井上雅雄や、東宝の専属俳優だった池部良（一九一八―二〇一〇年）と松竹の専属俳優だった佐田啓二（一九二六―六四年）の旧蔵資料から、彼らが所属会社の垣根を越えてテレビドラマの共同製作を試みた史実を掘り起こし、その試みを「脱スタジオ・システム的共闘」と位置づけた羽鳥隆英、あるいは一九六〇年代以降の変革期を迎えた日本映画界に携わった映画人たちへの大規模な聞き取り調査を試みた谷川建司によるものが主要な先行研究として挙げられる。[*16]

しかし、これらの先行研究で扱われた以外にも、多方面から集結した人材の協働によってなされる映画製作の実態を深く理解するために検討されるべき事項はまだ数多く存在する。そのひとつが映画の音楽に関わる人的交流である。先に挙げた、日本映画のスタジオ・システムに関する数少ない先行研究においても、音楽についての言及は一切なされていない。もっとも、本書の論じる対象である戦後日本映画音楽史について、スタジオ・システムの視点から論じた先行研究が存在しないわけではない。自身も作曲家と

16 文献情報はそれぞれ以下の通り。井上雅雄「日活の映画製作再開と「五社協定」」、谷川建司（編）『戦後映画の産業空間　資本・娯楽・興行』（森話社、二〇一六年）、一六―四四頁。羽鳥隆英「映画＝テレビ移行期の映画スターに見る脱スタジオ・システム的共闘―池部良と佐田啓二を事例に―」、『演劇研究』（三七号）（早稲田大学坪内博士記念演劇博物館、二〇一四年）、八三―九六頁。谷川建司『映画人が語る　日本映画史の舞台裏　配給興行編』（森話社、二〇二〇年）、『同　撮影現場編』（森話社、二〇二一年）、『同　構造変革編』（森話社、二〇二三年）、『戦後映画の生き残り戦略　変革期の一九七〇年代』（森話社、二〇二四年）。

して『嵐を呼ぶ男』（井上梅次監督、一九五七年）など数多くの映画音楽を手がけた大森盛太郎（一九一一―八八年）が著した『日本の洋楽――ペリー来航から一三〇年の歴史ドキュメント　二』（新門出版社、一九八七年、以下『日本の洋楽　二』と略記）がそれである。しかし、大森がみずからの体験や同業者たちの証言を地道に拾い集めたこの浩瀚なる文献が、これまで日本映画研究の議論の俎上に載せられることはなかった。この事実は、従来の日本映画研究において映画界と音楽界との関わりがこれまでいかに顧みられてこなかったかを雄弁に物語っている。

本章は、当時の音楽家たちがいかにして「協定」をはじめとしたスタジオ・システムの論理に取り込まれ、あるいはいかに「脱スタジオ・システム的」に映画産業に携わっていたかの解明を試みるものである。その顕著な例として、戦後日本の音楽界を牽引するだけでなく、数多の映画音楽も手がけた芥川に焦点を絞り、彼自身の映画音楽における創作活動と、彼が團伊玖磨、黛敏郎と結成した「3人の会」の映画音楽における創作活動とを眺め、彼がスタジオ・システム期の日本映画において独特な活動を行った映画音楽作曲家であったことを論証する。

第二節　スタジオ・システム下の日本映画産業と音楽家たちの関わり

本節では、先に挙げた『日本の洋楽　二』に基づき、スタジオ・システム期の戦後日本映画において音楽家たちの人的交流がどのような状態にあったのかを概説する。同書第二三章において、「昭和三十年代の経済成長と技術革新する音楽産業」と題して、大森は戦後日本映画産業に関わった音楽家たちについて詳述している（大森、一五〇―一七七頁）。本節ではそれに基づき当時の状況を整理し、次節へ繋げる。

戦後日本映画史において、「大手映画会社の一群が業界の主体をなす体制下で、スタジオ（映画会社）が製作・配給・興行までを一貫して管理し支配する映画製作の形態」（山下・井上・松﨑、七三頁）であるスタジオ・システムが成立していた時期は、一九五三（昭和二八）年九月の日活の劇映画製作再開の発表から一九七一（昭和四六）年後半の日活の劇映画製作停止および大映の倒産に至る一八年間であるというのが、日本映画研究におけるおよそ共通した見解である。[*17] そこで本書では、戦後日本映画においてスタジオ・システムが機能していた時期を、一九五三年から一九七一年として論を進めていく。

劇映画の製作再開を表明した日活を牽制するために松竹・東宝・大映・東映・日活・新東宝のメジャー五社間で調印され、その後の日活の加盟、新東宝の倒産を経た「協定」の影響下で各スタッフが専属制であったとされるこの時期において、音楽関係者たちは

17 もっとも、四方田犬彦は、『日本映画史一一〇年』（集英社、二〇一四年）において、第一〇章を「スタジオシステムの解体　一九八一～九〇」と題している。しかし、先立つ第九章は「衰退と停滞の日々　一九七一～八〇」と題されており、四方田が一九七一年を日本映画史上のある種の区切りの年として認識している様子はうかがえる。

どのような状況に置かれていたのだろうか。映画産業における音楽関係者の役割は、主に作品に音楽を提供する作曲家、そして音楽録音の際に作品を演奏する演奏家および指揮者に大きく二分される。もちろん、作曲家と演奏家の他にも作曲家の書いた総譜からパート譜を作成する写譜や、映画会社と音楽家との渉外に従事する音楽事務等の人材も存在するが、これらも大まかに作曲関係、演奏関係に二分できるため、本書においては「演じ手＝演奏家・指揮者／作り手＝作曲家」の二分法で論を進めていく。

まず映画音楽に携わった演奏家についてであるが、撮影所での音楽録音の際に演奏する演奏家の人選は、主に作曲家のつてを頼って行われていた。音楽事務所を介して演奏家が派遣されることもあったようだが、その事務所も作曲家の紹介によるものであった（大森、一七三―一七六頁）。それゆえに、たとえばＮＨＫ交響楽団のコンサートマスターを務めたヴァイオリニストの黒柳守綱（一九〇八―八三年）や、作曲家・林光（一九三一―二〇一二年）の従姉でフルーティストの林リリ子（一九二六―七四年）といった、クラシック音楽の分野でも活躍していた演奏家たちはフリーランスとして各社のオーケストラの首席奏者を兼任しており、録音に携わっていた演奏家のメンバー構成は各社間で重複する部分も多かったのである。なお当時、松竹・大映・東映が京都に持っていた各撮影所の音楽は、関西交響楽団（現・大阪フィルハーモニー交響楽団）が演奏の大部分を引き受けていた。*18

また、映画音楽の録音においてオーケストラの指揮は作曲家が担当することが通例となっていたが、吉澤博（一九〇八―八五年）をはじめとした映画音楽の録音を専門とす

18　関西交響楽団は一九五〇年に京都に撮影所を構える松竹・東映・大映の三社と映画音楽の録音演奏業務に関する契約を締結し、一九六〇年に大阪フィルハーモニー交響楽団に改組されるまで、各撮影所で製作された映画の音楽録音をほぼ一手に担っていた（小野寺／岡［編］、一一―一二頁）。

る指揮者が作曲家の「代棒」（代理で指揮をすること）をする例もしばしば見受けられた（大森、一七〇頁）。映画音楽には「独特の指揮法」（芥川一九八一、八二頁）が必要だったと芥川が述べるように、とりわけ磁気テープによる録音が実用化する以前の映画の録音作業（ダビング）は制約が多く、指揮者に独特かつ高度な技術を要求するものであった。[*19] 当時主流だった光学式録音によるダビングは、ダビング・スタジオ（図Ⅱ-1およびⅡ-2）の構造上、指揮者は映写画面とオーケストラの双方をときにはガラス窓越しに確認しながら指揮する必要に迫られたうえに、映画フィルムに直接波形を焼き付ける録音方式ゆえに録り直しが利かず、作業は緊張を強いられたからである。そのような中、吉澤をはじめとする映画音楽専門の指揮者たちは、「一発でピッタリと音楽を画面に合わせ［……］なお三十数ロールの音楽録音を定時（午前十時から昼食事《ママ》一時間抜き、午後五時）に終わらせるという特殊感覚」を身につけ、「フィルムの一コマでも合わせてしまう名人芸」を持っていた（大森、一七〇頁）。特殊能力とさえいえるような「独特の指揮法」を駆使し、最低限の所要時間で的確に録音作業をこなしていく職人指揮者たちの存在は、スタジオ・システム期の大量生産体制を成立させるうえで欠くべからざる存在であったということを、ここで改めて強調しておく必要があるだろう。

　演奏家や指揮者の場合と同じく、作曲家たちがどこの映画会社で仕事をするかということも比較的流動的だったと考えられる。もっとも大森が指摘するように、たとえば東宝で製作された特撮作品における田中友幸＝本多猪四郎＝伊福部昭のトリオのごとく、特定のプロデューサーのもとで作品を手がける映画監督に特定の作曲家があてがわれる

19 日本映画で磁気テープによる音楽録音がはじめて導入されたのは、一九五二年一二月一五日公開の『真空地帯』（山本薩夫監督）であるとされるが、これは独立系の新星映画社の製作であり、大手六社に磁気録音の機材が導入されたのは、それよりあとの一九五四年から一九五七年頃と推定される。

図Ⅱ-1　光学式録音時代のダビング・スタジオ模式図（『玉川こども百科』、八五頁）

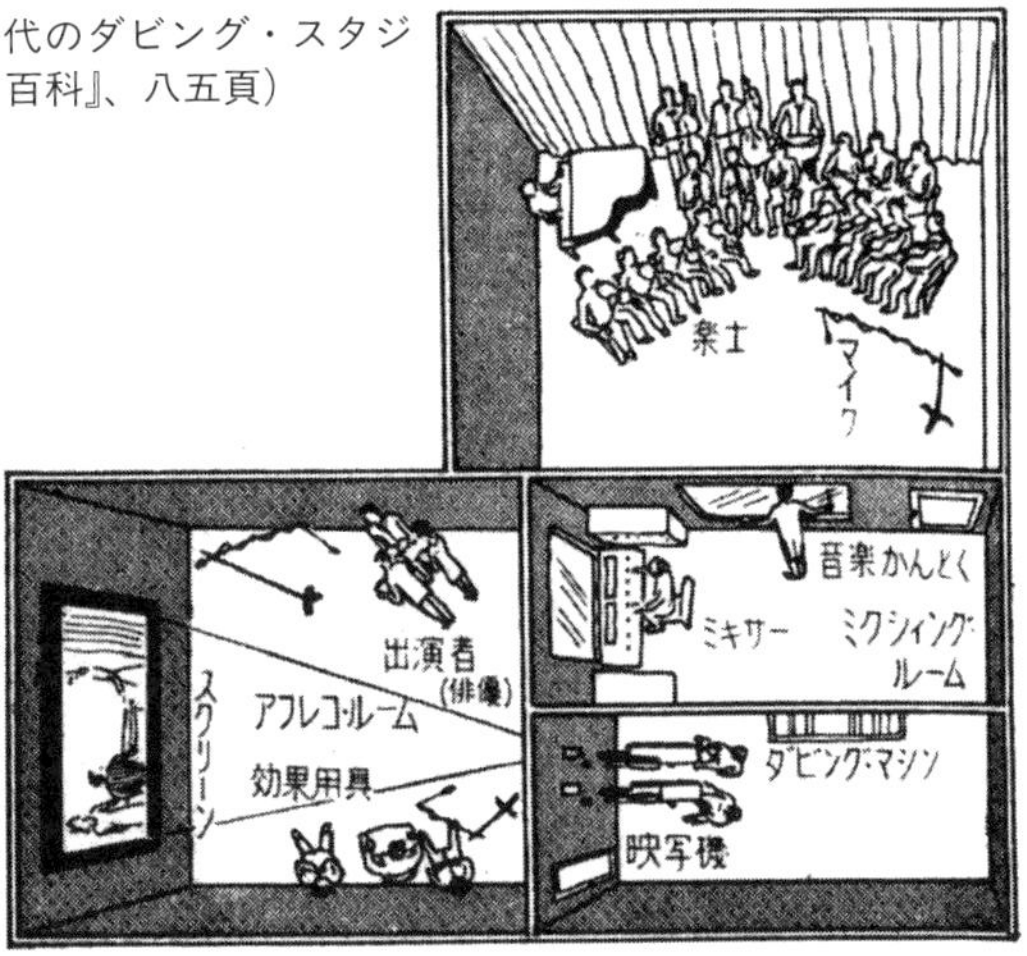

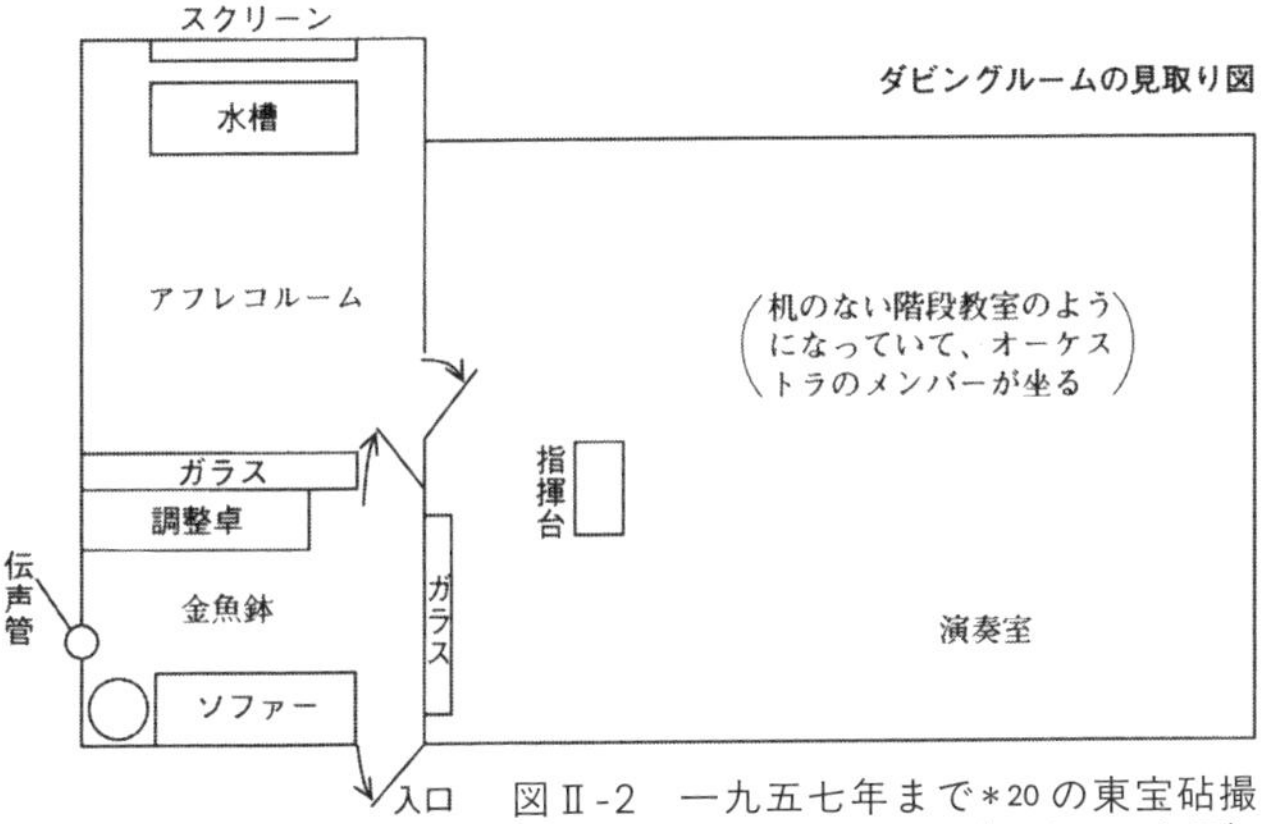

図Ⅱ-2　一九五七年まで*20の東宝砧撮影所ダビング・スタジオ（恩地、四九頁）

20 東宝は創立二五周年記念事業の一環としてダビング・スタジオの新築を図り、一九五七年七月三一日には砧撮影所内に新スタジオが竣工した。新スタジオは当時最新鋭の設備を備え、四チャンネルや六チャンネルの立体音響にも対応可能であった。このダビング・スタジオについては、『東宝二十五周年記念　パンフレット』（東宝、一九五七年一〇月）などに詳しい。

という例も少なからず存在していた（大森、一六七頁）。監督が各社の専属制度の影響をもっとも強く受ける役職だったという事実に鑑みれば、各社作品を担当する作曲家の顔ぶれも監督との組み合わせによってある程度絞られていたともいえる。しかし、その事実だけをもって、特定の映画監督としばしばコンビを組んだ作曲家がその監督の専属作曲家であり、作曲家も「協定」の影響を少なからず受けていたと結論づけるのはいささか性急に過ぎる。スタジオ・システムのもと大量生産される作品群に対して臨機応変に演奏をこなさなければならない映画音楽の録音に適う優れた音楽家たちは常に不足気味であり、わけても楽曲を提供する作曲家たちは同時並行的に他の監督ともコンビを組み、各社間の垣根を越える可能性を常に孕んでいたことも考慮する必要がある。作曲家はプロデューサーや監督の希望によって選び出されるものの、その大半はあくまで各社と専属的な契約を結ばないフリーランスとして活動していた。映画会社と「夫々その所属芸術家、技術家」（井上雅雄、二二一頁）との契約に関する「協定」の範疇から、音楽家たちは事実上除外されていたのである。

第三節　作曲家・芥川也寸志と「3人の会」

前節では、映画音楽の製作プロセスに携わる音楽家の中で、特に作曲家が重要な役割を担っていたということと、音楽家は「協定」の埒外で自由に活動する余地があったということを述べた。本節では、当時の映画音楽に携わった作曲家の中できわめて独特な活動を行った人物たちに焦点を絞って論じる。それこそが、芥川也寸志と「3人の会」である。

「3人の会」は芥川が同じく東京音楽学校出身の團伊玖磨および黛敏郎と一九五三年に結成した作曲家のグループである（図Ⅱ-3）。翌一九五四年一月に日比谷公会堂で催された第一回の作品発表会は大きな注目を集め、一躍ジャーナリズムを賑わす存在となる。以降、一九六二年に大阪国際フェスティバルの一環として開催された「3人の会による現代日本作品の夕」まで、計五回の作品発表会を開催した。黛の《涅槃交響曲》、團の《シルクロード》、芥川の《エローラ交響曲》など、それぞれの作曲家の代表作ともいえる意欲的な作品が、これら五回の演奏会において初演されたのである。

第三節第一項　「3人の会」の活動範囲はどこまでか

「3人の会」が戦後日本の音楽界で大きな存在感を示したことは、衆目の一致するところである。作曲者本人が指揮台に立ち自作自演した作品発表会は大衆の耳目を広く集め、彼らは時代の寵児として脚光を浴びた。ただ、ここで留意しなければならないことは、われわれがこれまで彼らに対して下してきた評価は、あくまで彼らの音楽活動、具体的には一九五〇年代半ばから一九六〇年代前半にかけて断続的に催された作品発表会に依拠したものだということである。なるほど、三人はまず作曲家としてその名を知られているし、その作品発表会では、黛の《涅槃交響曲》を筆頭に、日本音楽史に燦然と輝く作品が続々と送り出された。木村重雄の『現代日本のオーケストラ』（全音楽譜出版社、一九八五年）や『日本戦後音楽史　上』（平凡社、二〇〇七年）といった先行研究でも、彼らの作品発表会の開催記録の記述に終始している。

しかし、それらを追うだけで十分なのだろうか。そもそも、彼らが作品発表会を催したのは一九五四（昭和二九）年から一九六二（昭和三七）年までの八年間で、その回数も五回のみである（表II-1）。

團が「相席はお断わりして、僕は自分の乗るバイクは自分で作って、自分一人で走り続けて来た。『3人の会』の場合は、一つ一つ別な色に塗った三台のバイクで競走した」（團二〇〇二、一〇一頁）と述べるように、彼らは合同で演奏会を開かずとも、それぞれ日本作曲界のトップランナーたる活躍を繰り広げていた。従来のように作品発表会の実施実績を辿るだけでは、それが途絶した一九六〇年代前半から芥川が没する一九八〇年代後半までの三人の活動を無視することとなり、明らかに片手落ちである。作品発表会以外の彼らの活動を、各個人の動きにも目を配りつつ再検証する必要が生じよう。

表Ⅱ-1 「3人の会」作品発表会一覧

開催日	会場	演奏	曲目	備考
1954年1月26日	日比谷公会堂	東京交響楽団	タンスマン《トリプティーク》 團《ブルレスケ風交響曲》 芥川《交響曲》 黛《饗宴》	タンスマンは上田仁指揮（日本初演）
1955年6月23日	日比谷公会堂	東京交響楽団	ヴェーベルン《交響曲》 黛《トーンプレロマス55》 團《シルクロード》 芥川《嬉遊曲》	ヴェーベルンは上田仁指揮（日本初演）
1958年4月2日	新宿コマ劇場	NHK交響楽団	黛《涅槃交響曲》 團《アラビア紀行》 芥川《エローラ交響曲》	黛は岩城宏之指揮
1960年3月27日	読売ホール	NHK交響楽団	黛《曼荼羅交響曲》 團《三楽章の交響曲》 芥川《暗い鏡》	全曲岩城宏之指揮
1962年4月16日	フェスティバルホール（大阪）	大阪フィルハーモニー交響楽団	黛《涅槃交響曲》 團《シルクロード》 芥川《暗い鏡》	全曲再演 大阪国際フェスティバルの一環として開催

図Ⅱ-3 伊福部昭（前列）を囲む結成当時の「3人の会」（1953年）
後列左から黛敏郎、芥川也寸志、團伊玖磨
写真提供：芥川麻実子、芥川貴之志

第三節第二項　映画の中の「3人の会」――『夜の蝶』

ここで「3人の会」が旺盛な活躍を繰り広げた時代に作られた映画を引用したい。一九五七年に公開された『夜の蝶』（吉村公三郎監督）に、このような場面がある。

> バーの立ち並ぶ夜の銀座で女衒まがいのことをしてその日を暮らす、自称「女給の周旋業」者・秀二（船越英二）は、かつてはプロのヴァイオリニストを目指す音楽学校の学生だった。徴兵により戦線に送られた彼は、ビルマのジャングルで演奏家の命とも言うべき左手を負傷。終戦の後にはやむなく作曲家へと進路を転向した。一方で夜の銀座の顔役となりながらも、自宅ではうだつの上がらない作曲業を続ける毎日を過ごしている。ある時彼は、とあるバーの店先に貼られたポスターに目をとめる。近々行われる演奏会の告知であるらしい。ポスターには次のようにある。「三人の会／一九五七年交響作品演奏会／團伊玖磨／芥川也寸志／黛敏郎」。ちょうどその時、我々鑑賞者の耳に奇妙な音楽が飛び込んでくる。[……]
>
> そこで流れた奇妙な音楽こそは、黛敏郎が作曲し物議を醸した、溝口健二監督『赤線地帯』（一九五六）の映画音楽――具体的にはそのタイトル曲――である。
>
> （長門、二一三―二一四頁、傍線筆者）

このシークエンスで「3人の会」のポスターが現れる場面を、実際の画面で確かめてみよう。ポスターが出現するのは本篇二二分過ぎである。直前まで続いていたモノクロ

21 第六章で詳述するように大映は『地獄門』（衣笠貞之助監督、一九五三年）で米イーストマン・コダック社のイーストマンカラーを採用してカラー映画の製作に本格的に乗り出したが、カラー第四作目の『千姫』（木村恵吾監督、一九五四年）以降はイーストマンカラーを「大映カラー」と称していた。同時に、一九五六年公開の『午後8時13分』（佐伯幸三監督）では独アグファ社のアグファカラーを採用し、同様に「大映カラー」の名を冠した。以降大映は、京都撮影所の製作作品はイーストマンカラーを中心に、東京撮影所の製作作品はアグファカラーを中心にしてカラー作品の製作を行ったと推定される。詳細は以下の拙稿を参照のこと。
藤原征生「『大映カラー』に関する映画技術史的事実の再確認　冨田美香「総天然色の超克―イーストマン・カラーから『大映カラー』への力学」に対する反駁」、『CineMagaziNet!』一七号（京都大学人間・環境学研究科、二〇一三年、参考URL：http://www.cmn.hs.h.kyoto-u.ac.jp/CMN17/fujiwara-article-2013.html）

ームによる秀二の回想（図II-4）がカラー（大映カラー＝アグファカラー）[21]の映像に切り替わり、件のポスターが映される（図II-5）。そのショットでは「3人の会」と團・芥川・黛の三人の名前が目を引くが、そこからキャメラがズームアウトしていき、ポスターのより広い部分が露わとなる（図II-6）。キャメラはさらにズームアウトし、それに伴うように左手から秀二たちがやってきてポスターを囲む（図II-7）。

映り込んだポスターをじっくりと眺めてみると、大半に影がかかっていて見えづらいものの、右側には赤い領域と白地に模様が書き込まれた何か図形のようなものが描かれていることがわかる。そして、三人の名前の下にも文字が書いてあり、一部分だけではあるが「N▼指揮吉田人」と読める。さらに、その右下には数字のようなものが書いてあり、その左には「指揮作曲者」「日比谷公会堂」という文字列も読み取れる。

ところで、筆者と同じく『夜の蝶』に注目した長門洋平は、『夜の蝶』におけるこの挿話を単に黛の『赤線地帯』の音楽が流れる例として引用しているが、「3人の会」の活動を踏まえて改めてこの場面を考察すれば、拭い去ることのできない違和感がつきまとうことになる。[22]なぜならば、そもそも『夜の蝶』は池野成（一九三二―二〇〇四年）が音楽を担当しており、このポスターの場面で黛が作曲した『赤線地帯』のメイン・タイトルが流れることを除いて、「3人の会」のメンバーはこの作品に関わっていない。[23]さらに重要なことには、映像の中にあるポスターに「一九五七年交響作品演奏会」という文言がはっきりと読み取れるが、表II-1で示したように、一九五五年に第二回、一九五八年に第三回の作品発表会がそれぞれ開催されているものの、一九五七年に「3人

22 無論、筆者は長門がこのエピソードを引き合いに出したことを非難しているわけではない。むしろ、黛による『赤線地帯』の音響分析への導入としてこの場面を紹介したことは、論の構成として効果的であると考える。

23 もっとも、池野は芥川・黛と同じく東京音楽学校（東京藝術大学）で伊福部に師事しており、「3人の会」との関係は近しいものであったと考えられる。

図Ⅱ-4 『夜の蝶』0:22:07

図Ⅱ-5 『夜の蝶』0:22:09

図Ⅱ-6 『夜の蝶』0:22:20

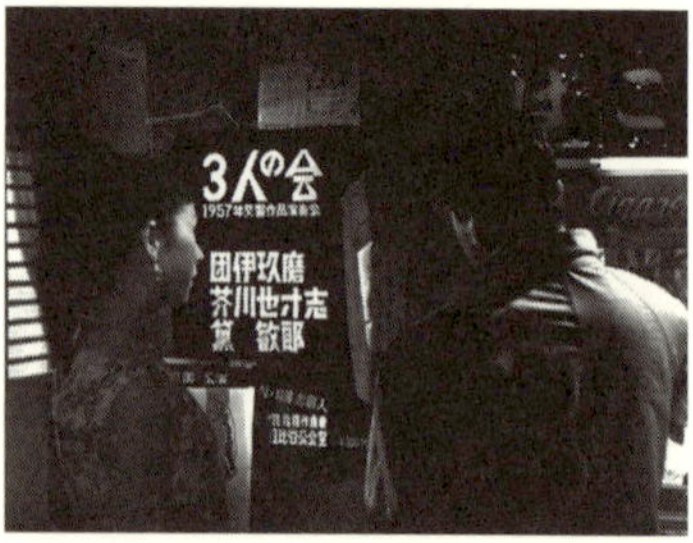

図Ⅱ-7 『夜の蝶』0:22:22

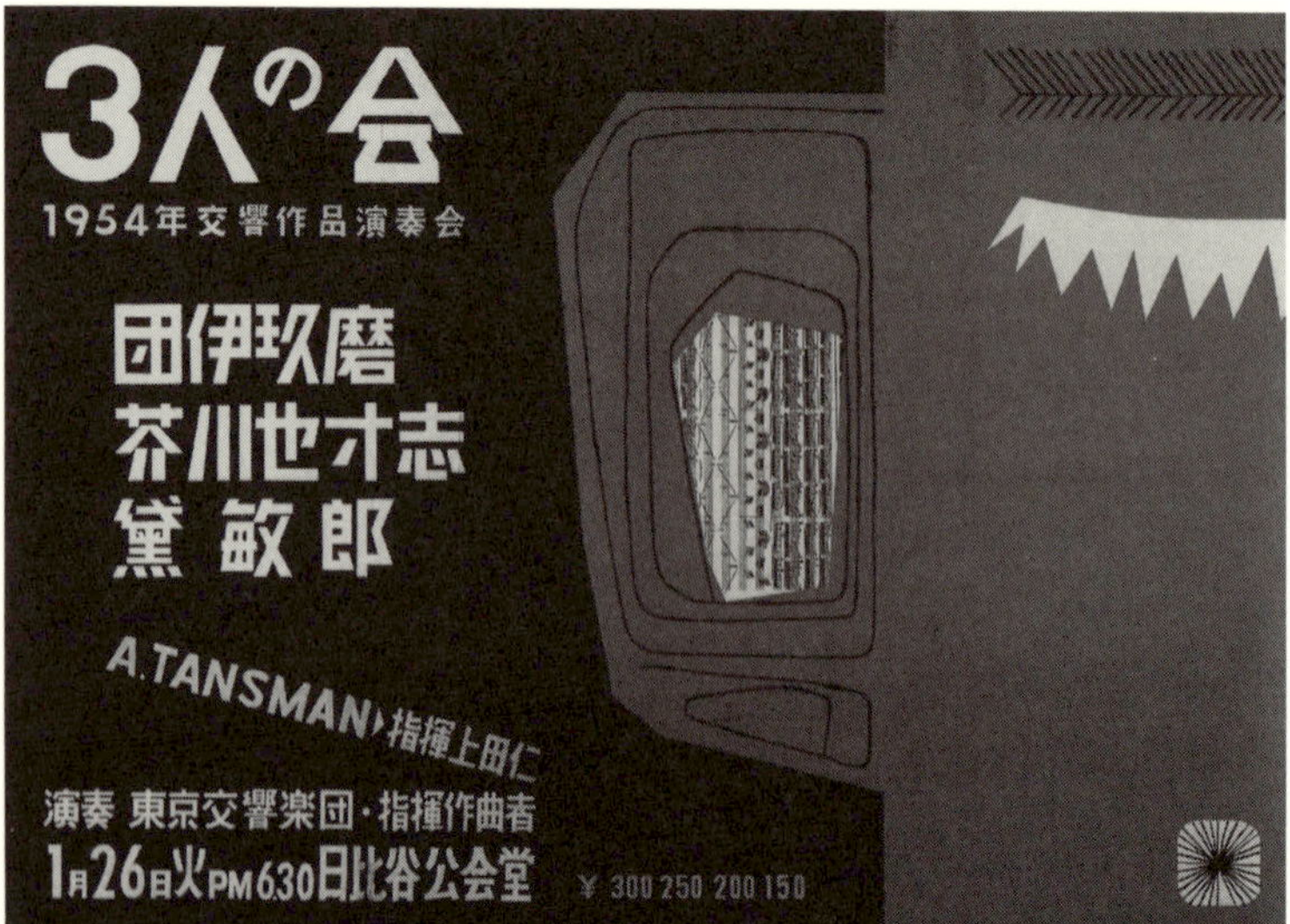

図Ⅱ-8 「3人の会」第一回作品発表会ポスター
（樋口隆一／林淑姫ほか［編著］、一五六頁）

の会」の作品発表会は開催されていない。つまり、このポスターは本作のためにわざわざ創られたものなのである。

そして、このポスターのデザインが一九五四年一月二六日に日比谷公会堂で開催された「3人の会」第一回作品発表会のそれ（図Ⅱ-8）をもとにしていることは明らかである。映画内のポスターとオリジナルを見比べてみると、僅かに覗いた〝N〟は第一回作品発表会で三人の作品とともに演奏された《トリプティーク》の作曲者であるアレクサンデル・タンスマンの姓〝TANSMAN〟の最後の一文字であり、指揮者の上田仁《まさし》の名は「上」を「吉」に、「仁」を「人」にそれぞれ変えてあることに気がつく。そして右下の数字は座席の料金である。右端が若干切り落とされて縦横比は変わっているものの、ポスター上のあらゆる配置が、「3人の会」第一回作品発表会のものとぴったりと一致する。

実際には開催されない架空の作品発表会のポスターを創作してまで、「3人の会」を引き合いに出そうとした理由は何であろうか。第一に考えられるのは物語の設定上の都合である。『夜の蝶』は現代劇であるゆえに映画が公開された一九五七年に時制を合わせる必要があり、一九五五年以来開催されていなかった「3人の会」の演奏会を急遽創り上げたのである。次に、「3人の会」メンバーはそれぞれ大正末から昭和一桁の生まれ（團が一九二四＝大正一三年、芥川が一九二五＝大正一四年、黛が一九二九＝昭和四年）で、秀二と同年代と考えられる——実際、秀二は「同期の人たち」という台詞を発している——からである。さらに三人のうち芥川と團は秀二と同じく軍務経験があり、その点でも秀二と近しい経歴を持っているといえる（芥川の次兄・多加志は秀二と同じくビルマに従軍したことをここで思い出してもよかろう）。つまり、当時華々しく脚光を浴びていた「3人の会」を引き合いに出せば、もはや行き詰まりを見せている（あるいは手慰みの域を脱し得ないことが明白な）秀二の作曲業の現状をわかりやすく示すことができるのである。

しかし、たとえば湯浅譲二や武満徹が属した実験工房[*24]や、林光・間宮芳生・外山雄三が興した山羊の会[*25]など、同時期に活動していた作曲家グループは他にも存在しているわけであり、なぜ「3人の会」を取り上げる必要があるのだろうか。単に彼らの知名度が群を抜いて高かっただけかもしれない。しかしそれ以上に、彼らほど映画に深く関わる作曲家グループがなかったからだとはいえないだろうか。

言うまでもなく、彼らは作品発表会のみならず映画にも積極的に進出しており、『夜の蝶』が製作された大映東京撮影所においても頻繁に仕事に携わっていた。一例を挙げれば、團は『雁』（豊田四郎監督、一九五三年）、芥川は『穴』（市川崑監督、一九五七年）、黛は『あの手この手』（市川崑監督、一九五二年）などの音楽を担当している。前述した『夜の蝶』で、メンバーが誰一人音楽に携わっていない作品に「3人の会」の虚構の演奏会ポスターを用いることができる理由は、彼らが各個人としても「3人の会」というグループとしても映画界と関わりの深い存在であったからである。「3人の会」第一回演奏会のポスターに名前のあった指揮者の上田仁は、『釈迦』（三隅研次監督、一九六一年）の録音などでも映画音楽に携わっているにもかかわらず、その名は映画内の

24　一九五一年に武満、湯浅のほか秋山邦晴やピアニストの園田高弘、造形作家の山口勝弘たちによって創設された芸術家集団。海外作品の積極的な紹介や、メンバーによる実験的作品を発表した。一九五七年までに一六回の作品発表会やワークショップなどを催した。

25　一九五三年九月に結成された作曲家グループ。結成にあたり、「音楽のあらゆる分野にわたって、日本の国民音楽の発展に役立つ仕事をして行きたい」と宣言し、「日本で初めて音楽と音楽家のあり方を明確な政治的プログラムとして掲げて出発した作曲家グループ」（『日本の作曲20世紀』、二八〇頁）と評価される。

ポスターでは「吉田人」という取って付けたような変名になっていることも、そのことの裏づけになるだろう。

『夜の蝶』のこの例を引き合いに出すまでもなく、作品発表会の開催が継続していた一九五〇年代前半から一九六〇年代前半にかけて、三人が活躍していた場として忘れてはならないのが映画である。後述するように、「3人の会」結成の契機は、三人がそれぞれ映画の仕事のために訪れた京都で偶然出会ったことであるとされ、映画がグループに深く根を下ろしていることは明白なのである。

戦前・戦後を通じて、「3人の会」ほどマスメディアへの露出を積極的に行った日本の作曲家はほぼいない。作品発表会を華々しく催す傍らで、彼らは映画や放送のための音楽を手がけ、旺盛な執筆活動を行い、あまつさえラジオやテレビへの出演も果たしたのである。それらの活動をできる限り丹念に再検証してはじめて、われわれは「3人の会」を実像に忠実な形で捉えることができるのだ。音楽史的視点のみならず、映像史的視点を取り入れて彼らの業績を評価することは、彼らの相貌に新たな方向から光を当て、一面的な評価の打破に力を発揮するはずである。

第四節　「３人の会」と映画――実利的結びつきによる作曲家グループ

作曲家集団としての「３人の会」には、大きな特徴がある。一九七六年に行われた、芥川と矢沢保による公開対談の一節を以下に引用する。

芥川　［……］そのうち一人で発表会をやるのは大変だから、三人で三分の一ずつだせば、ことによったらオーケストラでできるかもしれないということになったんです。当時作曲の発表会といったらすべて室内楽だったんですよ。オーケストラとやって作品発表会やったなんていう作曲家は一人もいないんですから。それで、ヨシヨシやろうということになりまして、ただそれだけの理由なんです。六人組とか国民楽派とか……ありますね、そういうのとは全然違う。３人の会っていうのは経費が三分の一ですむんですよ（大笑い）それだけなんです。［……］

（「日本の作曲ゼミナール　芥川也寸志」、二一四―二一五頁）*26

続いて、「３人の会」の結成から間もない一九五四年に『音楽芸術』誌上で行われたメンバーによる対談から引用する。

26 なお、この対談は他の作曲家たちの対談とともに書籍『作曲家との対話』（新日本出版社、一九八二年）としてまとめられているが、書籍化にあたりいくつかの文言の省略および削除が確認できるため、本書においては、初出かつ文字内容のより多い『音楽の世界』への掲載記事を引用した。

團　もっと簡単に考えても、一人の作品で定期的な毎年《ママ》演奏会をして行くことは大変なことでしょう。三人で一晩の演奏会をして行くことは、これは可能なことですね。そういう実際的な面も発会の理由の一つの強い要素です。

（「座談会　新しい作曲グループ『3人の会』の発言」、五六頁）

これらの引用からうかがえるように、「3人の会」は、たとえば同じく団体の構成人数をその名に冠した「ロシア五人組[*27]」のようにメンバー同士が特定の理念によって結びついているわけでもなく、「三人で一晩の演奏会を開く」というきわめて「実際的な面」を理由にして立ち上げられた会だったのである。そしてこの実利性は、彼らの映画音楽での仕事にも影響を及ぼしているといえる。先に引用した『音楽芸術』誌上における「3人の会」の対談から、芥川の発言をさらに引用する。

芥川　［……］ですからぼく達の会は単なる研究発表団体というだけではなくて、細かい生活の上でもお互いに結びついていたいのです。外面的な例で言えば「君、今シンフォニーを書いているなら、その映画は俺が引受けてやるから、それを書けよ、今度は俺が何か書いている時は君頼むよ」という様にお互いに実生活の上でも結びついていたいのです。

（「座談会　新しい作曲グループ『3人の会』の発言」、五七頁）

27 ミリイ・バラキレフ（一八三七―一九一〇年）、アレクサンドル・ボロディン（一八三三―八七年）、ツェーザリ・キュイ（一八三五―一九一八年）、モデスト・ムソルグスキー（一八三九―八一年）、ニコライ・リムスキー＝コルサコフ（一八四四―一九〇八年）によって結成された作曲家集団。西欧音楽中心主義であった当時のロシア音楽界に反発し、国民音楽の創造を目指した。なお、引用において芥川は第一次世界大戦後フランスで結成された「六人組」について言及しているが、これは一九二〇年に批評家のアンリ・コレ（一八八五―一九五一年）によって「五人組」をもじって皮肉的に命名されたグループである（参考：伊藤恵子「五人組」、『新編　音楽中辞典』［音楽之友社、二〇〇二年］、二三九頁／佐藤みどり「六人組」、『新編　音楽中辞典』、七七一頁）。

「3人の会」と映画音楽との関わりの独自性を論じるうえで、この発言は非常に重要である。なぜならば、映画音楽の仕事をグループ内で積極的に分配しあってこなしていくというこの発言を裏づけるように、一九四〇年代後半から六〇年代半ばにかけて、芥川・團・黛の三人が映画音楽の仕事を融通しあっているように見受けられる時期が確かに存在するからである。

たとえば、谷口千吉のフィルモグラフィに注目すると、一九五三年から一九五五年までの監督作品すべての音楽が「3人の会」のメンバーいずれかの手によって作曲されていることがわかる（表II-2）。「3人の会」と映画監督との連携は他にも見いだすことができ、豊田四郎の一九五三年から一九六四年にかけての監督作は、一九六〇年以降はいくつかの例外を交えながらもその大半を芥川と團とが独占的に担当し（表II-3）、あるいは市川崑の一九五二年から一九六五年にかけての監督作は、伊福部昭や宅孝二（一九〇四―八三年）といった他の作曲家を断続的に挟みながらも、その大部分は「3人の会」のメンバーが交替する形で手がけていることが見て取れる（表II-4）。

そして、豊田の作品の中でも特に知られ、團の映画における代表作のひとつでもある『雪国』（一九五七年）では、音楽をめぐる芥川と團の興味深い連携を目の当たりにすることができる。

製作当時に発行されたプレス・シート（『東宝スタジオ・メール No・468』）には、音楽担当として芥川の名前が印刷され（図II-9およびII-10）、「豊田組スタッフ」の一員として「『猫と庄造』で絶讃された芥川也寸志」の存在が言及されている。表II-3から

表Ⅱ-2　1953年から1955年までの谷口千吉全監督作品＊28

公開日	作品名	作曲	製作（配給）
1953年1月15日	吹けよ春風	芥川也寸志	東宝
1953年4月8日	夜の終り	芥川也寸志	東宝
1953年12月8日	赤線基地	團伊玖磨	東宝
1954年10月20日	潮騒	黛敏郎	東宝
1955年5月31日	33号車応答なし	芥川也寸志	東宝

表Ⅱ-3　1953年から1964年までの豊田四郎全監督作品

公開日	作品名	作曲	製作（配給）
1953年9月15日	雁	團伊玖磨	大映東京
1954年3月13日	或る女	團伊玖磨	大映東京
1955年5月3日	麦笛	團伊玖磨	東宝
1955年9月13日	夫婦善哉	團伊玖磨	東宝
1956年6月22日	白夫人の妖恋	團伊玖磨	東宝、ショウ・ブラザーズ
1956年10月9日	猫と庄造と二人のをんな	芥川也寸志	東京映画（東宝）
1957年4月27日	雪国	團伊玖磨	東宝
1957年9月15日	夕凪	芥川也寸志	宝塚映画（東宝）
1958年1月9日	負ケラレマセン勝ツマデハ	芥川也寸志	東京映画（東宝）
1958年7月12日	喜劇　駅前旅館	團伊玖磨	東京映画（東宝）
1959年1月27日	花のれん	芥川也寸志	宝塚映画（東宝）
1959年5月19日	男性飼育法	芥川也寸志	東京映画（東宝）
1959年9月20日	暗夜行路	芥川也寸志	東京映画（東宝）
1960年3月13日	珍品堂主人	佐藤勝	東京映画（東宝）
1960年8月28日	濹東綺譚	團伊玖磨	東京映画（東宝）
1961年5月16日	東京夜話	芥川也寸志	東京映画（東宝）
1962年2月10日	明日ある限り	林光	東京映画（東宝）
1962年4月15日	如何なる星の下に	平岡精二	東京映画（東宝）
1963年1月15日	憂愁平野	團伊玖磨	東京映画（東宝）
1963年6月16日	台所太平記	團伊玖磨	東京映画（東宝）
1963年10月12日	新・夫婦善哉	團伊玖磨	東京映画（東宝）
1964年4月4日	喜劇　陽気な未亡人	團伊玖磨	東京映画（東宝）
1964年9月19日	甘い汗	林光	東京映画（東宝）

表Ⅱ-4　1952年から1965年までの市川崑全監督作品

公開日	作品名	作曲	製作(配給)
1952年2月21日	ラッキーさん	古関裕而	東宝
1952年7月8日	若い人	芥川也寸志	東宝
1952年11月6日	足にさわった女	黛敏郎 馬渡誠一	東宝
1952年12月23日	あの手この手	黛敏郎	大映京都
1953年4月15日	プーサン	黛敏郎	東宝
1953年6月10日	青色革命	黛敏郎	東宝
1953年8月19日	天晴れ一番手柄　青春銭形平次	黛敏郎	東宝
1953年11月10日	愛人	黛敏郎	東宝
1954年5月12日	わたしの凡てを	服部良一	東宝
1954年11月22日	億万長者	團伊玖磨	青年俳優クラブ(新東宝)
1954年11月23日	女性に関する十二章	黛敏郎	東宝
1955年4月19日	青春怪談	黛敏郎	日活
1955年8月31日	こころ	大木正夫＊29	日活
1956年1月21日	ビルマの竪琴　第一部	伊福部昭	日活
1956年2月12日	ビルマの竪琴　第二部	伊福部昭	日活
1956年6月28日	処刑の部屋	宅孝二	大映東京
1956年10月1日	日本橋	宅孝二	大映東京
1957年3月27日	満員電車	宅孝二	大映東京
1957年8月27日	東北の神武たち	團伊玖磨	東宝
1957年10月15日	穴	芥川也寸志	大映東京
1958年8月19日	炎上	黛敏郎	大映京都
1959年1月3日	あなたと私の合言葉 さようなら、今日は	塚原哲夫	大映東京
1959年6月23日	鍵	芥川也寸志	大映東京
1959年11月3日	野火	芥川也寸志	大映東京
1960年1月14日	女経　第二話 物を高く売りつける女＊30	芥川也寸志	大映東京
1960年4月13日	ぼんち	芥川也寸志	大映京都
1960年11月1日	おとうと	芥川也寸志	大映東京
1961年5月3日	黒い十人の女	芥川也寸志	大映東京
1962年4月6日	破戒	芥川也寸志	大映京都
1962年11月18日	私は二歳	芥川也寸志	大映東京
1963年1月13日	雪之丞変化	芥川也寸志 八木正生	大映京都
1963年10月27日	太平洋ひとりぼっち	芥川也寸志 武満徹	石原プロ(日活)
1964年5月2日	ど根性物語　銭の踊り	ハナ肇	大映東京
1965年3月20日	東京オリンピック	黛敏郎	東京オリンピック映画協会 (東宝)

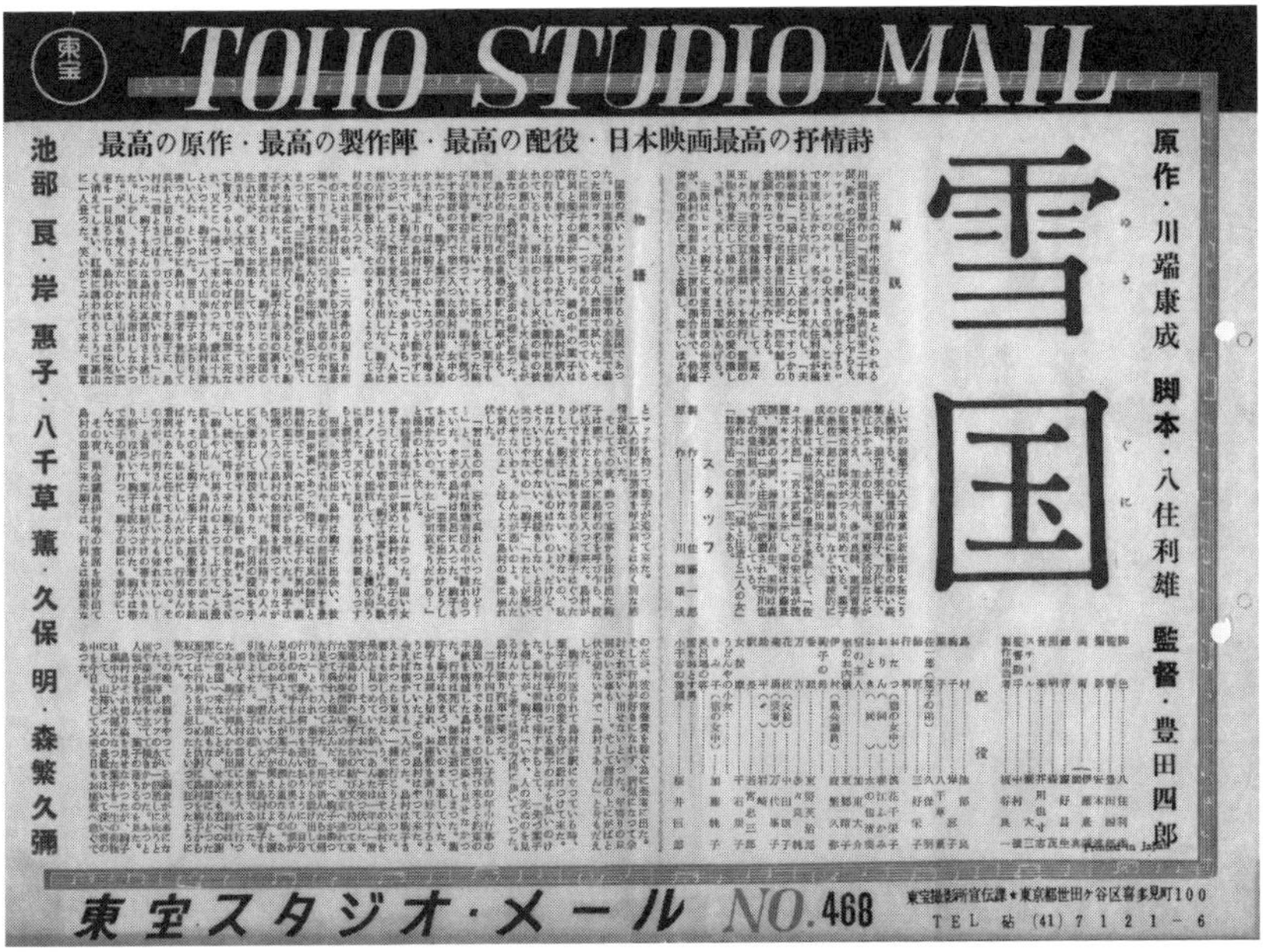

図Ⅱ-9 『雪国』プレス・シート
「東宝スタジオ・メール No. 468」
筆者蔵

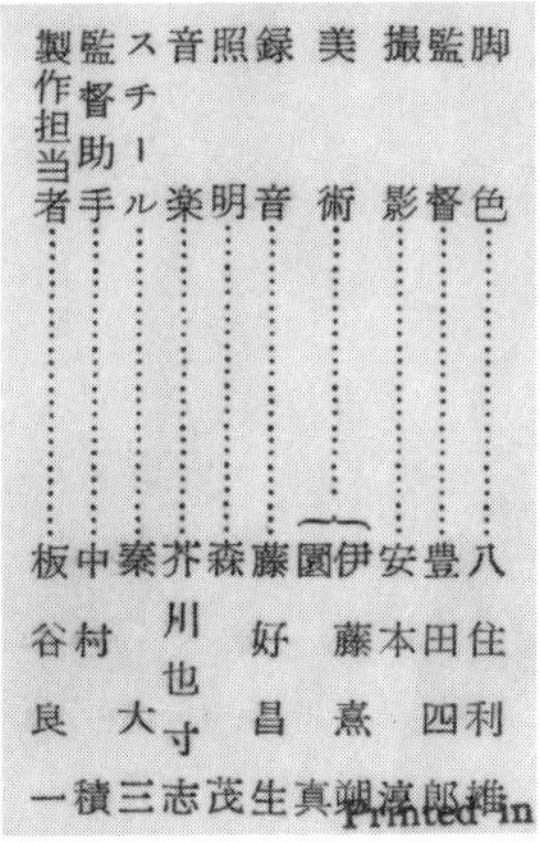

図Ⅱ-10『雪国』プレス・シート
「東宝スタジオ・メール
No. 468」［部分拡大］
筆者蔵

図Ⅱ-11 『雪国』パンフレット 筆者蔵
原作者川端康成の揮毫による題字が用いられる。

もわかるように、同作の音楽は最終的に團が担当しており、この資料は完成作を知る者に驚きをもたらすこととなる。ここでプレス・シートに印刷された作品題字に注目すると、完成作で用いられた原作者川端康成の揮毫とは異なる明朝体風のレタリングとなっている（図II-9）。つまり、この資料は川端による題字（図II-11）が採用される前、言い換えれば作品製作の比較的初期に刷られたものだと推定できる。映画製作に携わるスタッフの中でも、音楽担当は終盤で慌ただしく決定する場合が往々にしてあり、それらも踏まえると、本作の音楽は当初は芥川で内定していたものの、製作が進むうちに團へ変更せざるを得ない何らかの事情が生じたと考えることができる。

その「事情」は、当時の芥川の動向に注目すれば明らかとなる。『雪国』のセカンド助監督を務めた廣澤榮によると、同作の撮影は一九五六年一一月二七日から一九五七年三月四日まで行われた（廣澤一九八九、二二一頁）。そしてこの時期、芥川は一九五七年二月二七日公開の『黄色いからす』の音楽を担当している。同作は五所平之助がはじめて取り組んだカラー作品で、『煙突の見える場所』（一九五三年）以降五所組の常連スタッフとなり、「3人の会」の中でも五所ともっとも緊密な関係にあった芥川にとって起用は当然の流れだった。作品の公開日から類推して、この作品の製作は『雪国』の撮影時期とほぼ重なる一九五六年末から一九五七年初頭にかけて行われたと考えられる。さらに芥川によると、彼は『黄色いからす』の製作中に過労から黄疸で倒れ、「真黄色い手で『黄色いからす』の作曲をしなければならなかった」という（芥川一九八二、八八頁）[*31]。これらによってスケジュール面でも体調面でも芥川が『雪国』を担当すること

28 なお、谷口が『33号車応答なし』の次に監督した『乱菊物語』（一九五六年一月二二日公開）も、「3人の会」メンバーである團が手がけている。

29 しばしば芥川也寸志作曲と表記されることがあるが、いずれも誤りである。

30 増村保造、市川崑、吉村公三郎が監督した三話構成のオムニバスの一篇。三話とも芥川が音楽を担当した。

31 なお、初出は佐藤忠男編『お化け煙突の世界　映画監督五所平之助の人と仕事』（ノーベル書房、一九七七年）。

が難しくなり、『雁』以降豊田と息の合った仕事ぶりを見せていた團がピンチヒッターとして登板するに相成ったというのが、この交替劇の解釈としてもっとも妥当なものであろう。[*32]

同じような例は『カラコルム』（堀場伸世監督、一九五六年）にも見いだすことができる。同作では、音楽担当として團と黛の名前が併記されている（図Ⅱ-12）。映画史上のみならず音楽史上においても、両者が共作した例はこの作品のみであり、その点で同作は存在意義の大きなものであるといえる。

もっとも、同作のオープニングやエンディングで演奏されるメイン・テーマや本篇中のいくつかの楽曲には、團の管弦楽曲《シルクロード》からの流用が見いだせる。具体的には、オープニング（0:00:00-0:01:05）やエンディング（1:17:33-1:18:41）で演奏されるメイン・テーマが同組曲の第四曲〈行進〉の主題と同じであるだけでなく、第三曲〈舞踏〉と同じ旋律も本篇中に現れることが確認できる（0:04:53-0:08:08）。ここからうかがい知れることは、團が作品の音楽設計の枠組みを手がけ、黛がそれを引き継ぎ完成させたという事実である。実際に、同作の編集を担当した伊勢長之助は、『キネマ旬報』誌に掲載された『カラコルム』の完成報

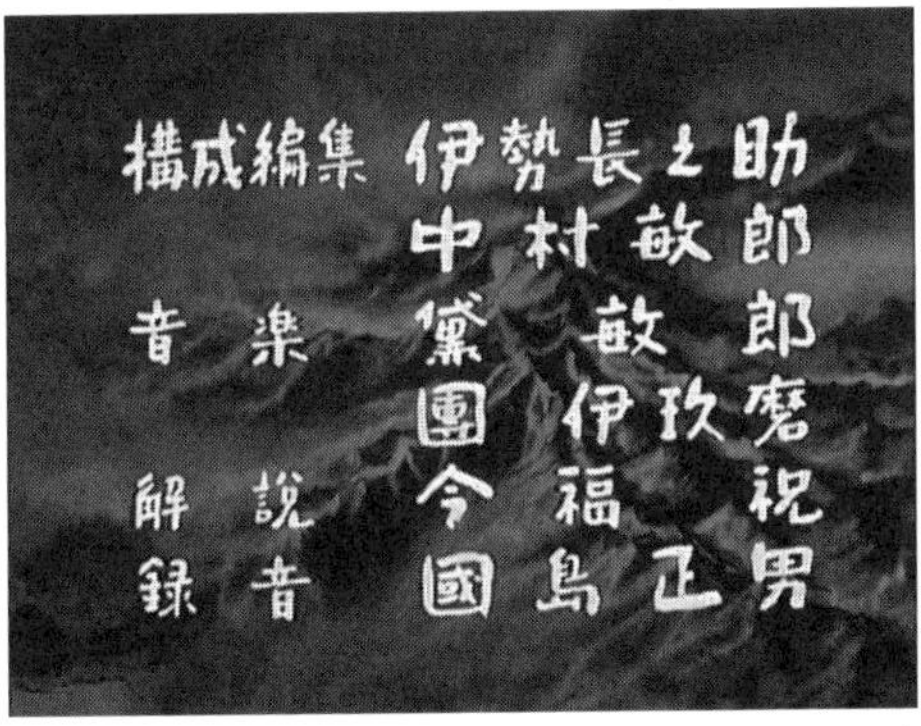

図Ⅱ-12 『カラコルム』クレジット（00：00：49）

32 実は、この交替劇は思わぬところに影響を及ぼしている。おそらくこのプレス資料を典拠とした記事「日本映画紹介」が『キネマ旬報』一九五七年四月下旬号八九頁に掲載され、さらにはその情報がいくつかのウェブデータベース（筆者が確認した限りでは『映画.com』と『KINENOTE』のふたつ）に引き継がれ、現在も「音楽：芥川也寸志」という誤情報が訂正されずにウェブ上を闊歩しているのだ（かつて存在した『日本映画情報システム』にも同様の誤りが存在した）。残念ながら、ウェブデータベースにおけるこの手の表記ミスは日常茶飯事である。

告座談会の席上において、團の《シルクロード》を黛が編曲し、そこに黛自身のいくつかの楽曲を加えて音楽を完成させたと証言している（『カラコルム』完成報告座談会、四一頁）。つまり、『カラコルム』の音楽は黛が《シルクロード》に基づきながら実質上独力で音楽を担当しているのである。同作のオープニング・クレジットにおいて黛の名前が上に示されることも、その辺りの事情を反映しているといえるだろう。[*33]

しかし、ここで問題なのは『カラコルム』の音楽が誰の手によって作曲されたのかということではない。むしろ、黛が同じ作曲家グループのメンバーである團の既存の演奏会用作品を編曲して映画音楽の仕事を補佐したことこそ問題とすべきである。記録映画の内容に適した演奏会用作品を他の作曲家の演奏会用作品から見つけ出し、それを編曲してあてがうという手法は、双方の作曲家が近しい関係性にあってはじめて実現可能な発想であるといえるからだ。同じグループに属する作曲家同士だからこそ、作品に見合う演奏会用作品を見いだすことができ、その作品の楽譜を融通してもらって編曲に供することもできるのである。團や芥川の言う〝実際的な結びつき〟がまさしく発揮されているさまを、ここで目の当たりにすることができるのである。

ところで、ここで素朴な疑問が浮かび上がる。なぜ團は『カラコルム』の音楽を黛に託したのだろうか。言い換えれば、なぜ團は『カラコルム』の仕事を実質的に降板せざるを得なかったのか。そして、なぜ芥川でなく黛がその仕事を引き継いだのか。

『カラコルム』の公開日（一九五六年六月一二日）に注目すると、その疑問を解くことができるだろう。すなわち、同作公開から一〇日後の六月二二日には、團が音楽を担

33 ただし、同作の楽譜や録音テープ等の所在が不明であるため、本篇中の各楽曲について、團と黛が具体的にどう分担して作曲したのかについては現時点でははっきりしない。楽譜や音声資料の調査も含め、楽曲の同定作業が今後必要とされる。

当した『白夫人の妖恋』(豊田四郎監督)の公開が控えている。同作は、東宝がはじめて香港のショウ・ブラザーズと共同製作しただけでなく、東宝の特撮作品としてはじめてイーストマンカラーが採用されるなど、潤沢な予算と時間が投じられた大作であった。それに応じて團も時間をかけて多数の楽曲を書く必要があり、[*34]同時期に手がけていた『カラコルム』の音楽がその仕事に集中するうえでの足かせになったということが容易に想像できる。それゆえに、作品内容と関連性が高いテーマを持つ團の演奏会用作品からモティーフを流用することで音楽設計の枠組みを作り上げ、黛がそれに従って作品全体の音楽を完成させ仕事を補佐したと推測できるのである。さらに同じ頃、芥川は六月八日公開の『或る夜ふたたび』(五所平之助監督)の音楽を担当しており、この事実を付け加えれば團の代役がなぜ芥川でなく黛であるのかという疑問にも説明がつき、この仮説に整合性が見いだせる。

また、『ともしび』(家城巳代治監督、一九五四年)のオープニングにおけるクレジット表記は注目に値する。そこでは、音楽を担当した芥川の名前の左下に小さく「3人の会」と記されていることが確認できるからである(図II-13)。

スタッフや俳優を専属制にして他社作品への参加を規制していた「協定」下の日本映画では、ある会社の専属スタッフや俳優が他社作品に参加した際に彼らの所属会社を小さく(しばしば括弧書きで)併記するという慣習があり(図II-14)、ここにおいて「3人の会」がそのような形で示されることは、芥川が「3人の会」という作曲家団体の所属であるということが強調され、この会が映画音楽を手がける作曲家同士の互助組織と

34 なお、同作の本篇中で使われた楽曲二六曲に未使用テイクや素材を含めた音源がCD化されている(『白夫人の妖恋　オリジナルサウンドトラック』、Cinema-Kan、二〇一六年)。

して機能していることを雄弁に物語る。三人が映画音楽の仕事のため滞在していた京都で邂逅したことが結成の契機となったと芥川が証言するように（芥川一九八一、五〇頁）、「3人の会」の成立には映画音楽が深く関わっており、彼らが映画音楽の仕事での協力を念頭に置いて会を結成したことは想像に難くない。五回の演奏会ののち「3人の会」が実質上活動を停止した一九六〇年代半ばとは、メンバー各自が映画音楽から距離をとりはじめた時期でもある。この符合は、彼らの活動の原動力のひとつに映画音楽があったことを如実に示している。

映画に携わる音楽関係者が「協定」の専属制から比較的自由であったということはここまでの本書においてすでに繰り返し述べてきた通りである。ここにおいて、羽鳥が述べるところの「脱スタジオ・システム

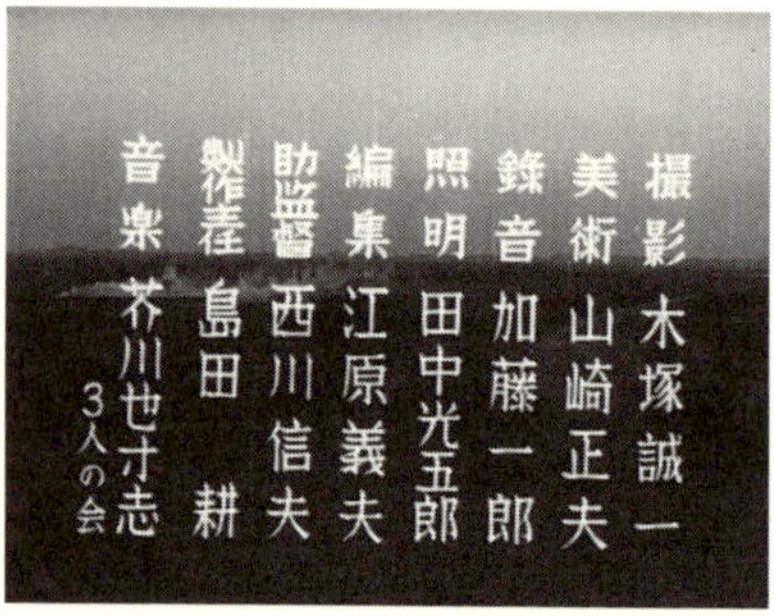

図Ⅱ-13 『ともしび』クレジット（00：00：48）

図Ⅱ-14 他社出演のクレジット例
『台風騒動記』（山本薩夫監督、1956年）に大映専属の菅原謙二（謙次）が出演した際のクレジット（00：01：25）

的共闘」（羽鳥、九二頁）、否、そもそも作曲家が「協定」の埒外であったということを踏まえてより正確に述べるのであれば「超スタジオ・システム的共闘」の実践例として「3人の会」が再評価に値するということは明らかである。

第五節　映画界の斜陽化と「3人の会」の活動停滞化、そしてテレビへの進出

ここまでに折に触れて述べている通り、「3人の会」は映画以外のみならず、マスメディアにおいても旺盛な活動を行っていた。本節では、補論として彼らのテレビでの活躍に焦点を絞って論じる。

一九六〇年代半ばにさしかかると、「3人の会」の各人は傾きつつあった映画の仕事から離れはじめ、グループとしての活動も沈滞化の様相を呈していく。芥川は一九五〇年代から携わっていたアマチュア・オーケストラの新交響楽団の育成をはじめとした音楽教育活動に注力し、團は『戦場にながれる歌』（松山善三監督、一九六五年）を最後に劇映画の仕事を止めてオペラや演奏会用作品の作曲に専念する一方でエッセイ『パイプのけむり』（一九六四—二〇〇〇年）をはじめとした文筆活動にも力を入れ、黛は右派文化人として言論活動の度合いも強めるなど、三者三様の活動へと歩みを進めていく。

奇しくも、映画界を離れてから彼らが揃って行き着いたのがテレビの世界だった。一

九六〇年代前半の作品発表会の途絶とグループ活動の実質的停止、そして一九六〇年代半ばの各人の映画界からのフェードアウトと符合するように、三人は個人単位でテレビの世界へと本格的進出を果たしていく。一九六八年七月に東京文化会館で開催された牧阿佐美バレエ団の「特別新作公演」は、当時の彼らの活動を考えるうえで興味深い。バレエ団の公演ではあるものの、演目がそれぞれ「３人の会」の既存作品に振り付けられ、実質的には「３人の会」の第六回作品発表会といえる内容だからである。[*35]

公演プログラム（図Ⅱ-15）において牧本人が述べているように、実はこの公演は牧が振り付けを担当していたテレビ番組『コンサート・コンサート』（ＴＢＳ）において黛の《ＢＵＧＡＫＵ》と芥川の《弦楽のための三楽章（トリプティーク）》のバレエ化作品を放送したことがきっかけとなっており、当時「３人の会」の各人が活躍の場をテレビに移していたことを如実に物語っている。

図Ⅱ-15　「牧阿佐美バレエ団特別新作公演」（1968年7月5日・7日、東京文化会館）公演プログラム　筆者蔵

35 なお、公演では黛の《BUGAKU》に基づく「神と男と女」、芥川の《弦楽のための三楽章（トリプティーク）》に基づく「青春三章」、團の《シルクロード》に基づく「絹の道」が披露されている。

第五節第一項　「3人の会」とテレビの世界

一九六〇年代前半の作品発表会の中断と符合するように、三人がそれぞれテレビの世界へ本格的な進出を果たしていく事実に鑑みれば、「3人の会」とテレビの関わりを論じることの正当性は明らかである。彼らのテレビにおける活躍を、メンバーが一同に会した番組、具体的には芥川が司会を務めた『音楽の広場』のある放送回に焦点を絞って、戦後日本を代表する三人の作曲家の広範な行動を再考するための機会を持ちたい。

前述の通り、「3人の会」は同時代の日本人作曲家たちの中でもテレビ・メディアでの活躍が図抜けて顕著だった（彼らに比肩し得るのは『オーケストラがやって来た』等に出演した山本直純ぐらいだろう）。まず、黛は『題名のない音楽会』（東京一二チャンネル［現・テレビ東京］、一九六四―六八年／テレビ朝日、一九六九年―現在）に開始当初から死去まで三〇年以上携わり、現在まで続く長寿番組の礎を築いた。また團は『だんいくまポップスコンサート』（日本テレビ、一九六八―七三年）[36]の指揮と解説を務め、三島由紀夫を番組に呼んで指揮台に立たせるなどの話題を振りまいた。そして、芥川は『音楽の広場』（NHK、一九七七―八四年）や『N響アワー』（NHK、一九八〇―二〇一二年、芥川の出演は一九八四―八八年）等の音楽番組を手がけた。[37]「3人の会」が一堂に会したのは、『音楽の広場』においてである。[38]

36 同番組の放送年は資料によりばらつきがあるが、ここでは『日本の音楽家を知るシリーズ　團伊玖磨』（ヤマハミュージックエンタテインメントホールディングス、二〇一八年）を典拠とした。

37 なお芥川は『音楽の広場』を手がける以前にも、『私のクイズ』（日本テレビ、一九六三―六四年）や『土曜パートナー』（TBS、一九六五―七〇年）などのクイズ番組やワイドショーで司会を務めてもいる。またラジオでは『百万人の音楽』（TBSラジオ、一九六七―九〇年）のパーソナリティーを放送開始当初から亡くなるまで野際陽子とともに担当した。

38 黛が司会を務めた『題名のない音楽会』でも、「3人の会」の結成二〇周年を記念した作曲コンクールが企画された際に、審査員として三人が一堂に会している。一九七四年五月末から六月初頭にかけて三週連続で放送された記録が残っているが、本書執筆時点で筆者は映像を確認できておらず、詳細は不明である。（参考URL：http://www003.upp.so-net.ne.jp/johakyu/daimei.htm）

第五節第二項　『音楽の広場』の「3人の会」特集――その映像分析[39]

『音楽の広場』はＮＨＫ教育テレビで一九七七年四月から一九八四年三月まで放映された音楽番組である。[40] 芥川は指揮と司会を務め、とりわけ黒柳徹子と組んだ司会は「今世紀最大のツーショット」と持てはやされ、多くのファンレターが届いたという。[41] 「3人の会」の特集が放送されたのは、番組最後期の一九八四年二月二四日と翌週三月二日だった（以下、一九八四年二月二四日放送分を『前篇』、三月二日放送分を『後篇』と呼ぶ）。前篇では、番組内で黒柳や芥川が「ちょうど三〇年前」としばしば強調するように、[42] 放送時から約三〇年前の一九五四年一月二六日に開催された「3人の会」の初回演奏会の曲目から選ばれた作品が披露された。後篇では、三人が映画や放送の分野で手がけた作品からプログラムが組まれた。いずれも、作曲家本人の指揮による自作自演である（管弦楽演奏は東京シティ・フィルハーモニック管弦楽団）。二回の放送の曲目は以下の通り（表Ⅱ-5）である。

この二回の放送は、第一に彼らの映像記録として貴重なものである。中でも、團の《ブルレスケ風交響曲》は、終楽章のみの抜粋である上に若干短縮されてはいるものの、初演以来機会に恵まれなかった同曲を三〇年ぶりに再演したもので、[43] 音楽史的意義も大きい。そして、三人の作曲家が代表作を自作自演するさまが比較的鮮明なカラー映像と良質なステレオ音声で記録されており、かつて大きな反響を呼んだ演奏会を真に迫って追体験することができる。また、彼らが一堂に会した最後期の映像にあたることも見逃すことはできない（放送から二年半後、図Ⅱ-16に示すようにふたたび三人は集結したが、こ

39 本項は二〇一九年度第四回ＮＨＫ学術利用トライアルにおける研究成果である。執筆にあたり、二〇一九年一二月から二〇二〇年二月にかけて、『音楽の広場』の「3人の会」特集その他の映像をＮＨＫ大阪放送局で鑑賞した。機会をくださったＮＨＫ番組アーカイブス学術利用トライアル事務局のみなさまに感謝申し上げる。

40 「一九七七年四月九日〜一九八四年三月二三日。ＮＨＫ総合テレビで放送した音楽番組。放送回数二四五回、総演奏曲数一四五九曲、総出演者数二四二五三人、最多演奏曲「アルルの女」から〝ファランドール〟（一〇回）。芥川也寸志、黒柳徹子の絶妙のコンビネーションが成功の最大要因だった」（『ＮＨＫ音楽の広場』［ＮＨＫサービスセンター、一九八五年］、頁数なし）。

41 『Ｎ響アワー』「芥川也寸志さんをしのんで」（一九八九年二月四日放送）における黒柳の発言（11:15-11:50）に拠る。

42 前篇における黒柳の発言（01:34-01:45）および後篇における芥川の発言（01:37-01:41）に拠る。

表Ⅱ-5 『音楽の広場』「3人の会」特集の演奏曲目

前篇：團伊玖磨，芥川也寸志，黛敏郎　3人の会（1984年2月24日）	
芥川・黛・團（ピアノ連弾）	《軍隊行進曲第1番》（シューベルト）
團	《ブルレスケ風交響曲》より〈行列〉　※短縮版
芥川	《交響曲第1番》より第4楽章　※短縮版
黛	《饗宴》より第2部

後篇：旅とワインと男のおしゃれ　～團・芥川・黛VS黒柳～（1984年3月2日）	
黒柳・芥川・團・黛（ピアノ輪奏）	《静かな湖畔》
芥川	『赤穂浪士』（1964年）のテーマ
黛	『天地創造』（1966年）のテーマ
芥川	『八甲田山』（1977年）のテーマ
團	《『無法松の一生』（1958年）によるファンタジー》

図Ⅱ-16 『音楽の広場』の特集放送から二年半後に集結した「3人の会」（一九八六年九月、東京交響楽団創立四〇周年と中国公演を祝う集いにて）
左から芥川也寸志、黛敏郎、團伊玖磨
撮影：木之下晃
写真提供：芥川麻実子、芥川貴之志

43 前篇における黒柳の発言（04:07-04:11）に拠る。

れが公には最後であったと思われる)。
それだけでなく、この『音楽の広場』の「3人の会」特集は、七年間続いたこの番組の定型から逸脱した面白さも見せている。まず、本来は司会と指揮として番組のホストを務めている芥川がこの二回はゲストをも兼ねており、黒柳が主にインタビュアーとしての役割を担いながら、時には芥川が当事者としての証言を率先して述べることで、重層的な番組進行が図られている。さらに興味深いことには、番組冒頭の演出を通じて、この二回が普段の『音楽の広場』とは趣を異にするということが強調されている様子が見いだせる。

前篇の冒頭部分を例に挙げて見てみよう。芥川と黒柳のツーショットからはじまる劈頭、芥川は黒柳と目を合わせ、小さな声で「さん、し」と拍子をとる。それに伴われて、シューベルトの《軍隊行進曲第一番》のピアノ演奏がはじまる。『音楽の広場』は、『男はつらいよ』シリーズのアヴァン・タイトルにきまって車寅次郎の「夢オチ」が配されるように、芥川と黒柳によるピアノの連弾ではじまるのが恒例だった。番組に親しんだ視聴者であれば、演奏がはじまった時点でこの連弾も当然ふたりによるものだと想定するだろう。ところが、演奏が続くなかカメラが右方向へトラッキングしていくと、ふたりの横に連なって座る黛と團が映される。そしてカメラがピアノを横方向(鍵盤の高音域側)から捉えるショットへとディゾルヴしていくと、連弾をしているのが芥川・黛・團の三人だけで、黒柳は横で演奏を見守っているだけだということがわかる。番組タイトルが映されたあと、ピアノの前に座る四人を正面から捉えたショットに切り替わり、演奏が終わる。三人は音楽家らしからぬややたどたどしい連弾を披露した照れからか、各自笑みをたたえており、特に黛は大きな笑い声を上げている。そこからカメラはズームして黒柳と芥川のツーショットとなり、黒柳が挨拶をして番組が進んでいく。

後篇の冒頭でも、やはりいつもとは違う様子が強調されている。まず、ピアノの前に独り座る黒柳を正面から捉えたバストショットから《静かな湖畔》の演奏がはじまる。ディゾルヴによって黒柳の手許を映すカメラへと切り替わると、間もなく芥川が一オクターヴ下で輪奏――音楽用語としては聞きなれないが、原曲がしばしば「輪唱」される歌曲であるため、便宜上こう呼ぶこととする――をはじめる。次いで黛が黒柳の一オクターヴ上に加わり、最後に芥川の一オクターヴ下で團が弾きはじめて、ソプラノ（黛）・アルト（黒柳）・テノール（芥川）・バス（團）の四声体の輪奏が展開される。しかし、前篇同様アンサンブルは次第にもつれていき、黛が繰り出したアドリブに芥川と團が応答したりして収拾がつかなくなり、最後は芥川がおどけた調子で演奏を終わらせる。

前篇・後篇ともに、オープニングのカメラワークによって視聴者の予想を裏切り、なおかつゲストの存在をスムーズに認知させることに成功している。番組の定型と、ゲストである團と黛（そして司会者を兼ねた芥川）の高い知名度を活かした秀逸な演出である。それによって、この二回の放送はいわば「3人の会」の三〇年目の同窓会として特別な輝きを放っている。

結成当初から「何者にも抑えられなくていい場を僕達は自分達の力で持ちたい」（「新しい作曲家グループ『3人の会』の発言」、五七頁）と発言していた彼らが、三〇年目の同窓会をブラウン管越しに発信したことは、決して作品発表会だけにとどまらない「3人の会」のあり方を考えるうえで象徴的である。芥川が「かなりヤジ馬根性旺盛だった［……］興味と関心を持つ範囲が割と広い」（岩城、二三四頁）とみずから評した「3人の会」は、本質的に多面性に富むグループなのではないだろうか。コマーシャリズムに積極的に与して華やかに振る舞いながら、三人で同調することもなく三様に活動範囲を拡げていくそのさまは、女優・高峰秀子が團に対して放った「ヌエだかヌタだか、とにかくとらえどころがあるようなないようなヘンな人」（高峰）という評言が当てはまる。その計り知れなさが彼らの魅力であり、メンバーのひとりがホストを務める番組で結成記念イベントを行ってしまうその大胆不敵さに、その精髄が示されている。『音楽の広場』の「3人の会」特集は、彼らの実像を捉え直すために欠くべからざるものである。

黛敏郎は『芥川也寸志――その芸術と行動』に寄せた追悼文において、一九八九年二月三日に行われた芥川の密葬の席で、團と「一人欠けてしまったがそれでもやろう、二人欠けて一人きりになってしまっても『三人の会』は続けよう」と語り合ったことを明かし、「『三人の会』の精神は不滅である」と文章を締めくくった（芸術・行動、二一八頁）。映画の仕事から各人が距離を置き、個人の活動が活発化してからはグループとしての目立った活動ができず、ときに「散人の会」と揶揄された「3人の会」だったが、彼らにとっては決してその歩みを止めてはいなかったのだ。

第三章

芥川映像音楽作品論（I）
モティーフの流用

第一節　芥川映像音楽におけるモティーフの流用

芥川が用いた音楽語法における最大の特徴として、モティーフの頻繁な流用が挙げられる。そして、彼の音楽作品を概観すれば、その傾向は映像音楽においてより顕著であることがわかる。

もっとも、作曲家が複数の作品に同一モティーフを用いること自体はさして珍しいことではない。たとえば、一九三〇年代後半から一九五〇年代にかけてハリウッドで活躍したエーリヒ・ヴォルフガング・コルンゴルト（一八九七―一九五七年）は『風雲児アドヴァース』（マーヴィン・ルロイ監督、一九三六年）や『放浪の王子』（ウィリアム・キーリー監督、一九三七年）など自作の映画音楽を中核に据えて《ヴァイオリン協奏曲》（一九四六年）を創り上げたし、「3人の会」のメンバーである團伊玖磨も、『無法松の一生』（稲垣浩監督、一九五八年）で用いたモティーフを《フルートとピアノのためのソナタ》（一九八七年）の第二楽章の変奏主題に用いている。黛敏郎の場合も、『気違い部落』（渋谷実監督、一九五七年）のオープニング・タイトルと《プリペアド・ピアノと弦楽のための小品》（一九五七年）の第三楽章が同じモティーフであることが確認できる。しかし、芥川のモティーフの流用が他に類を見ない特異なものであるといえる理由は、その規模の大きさと流用の複雑さにある。すなわち、ひとつのモティーフを二度のみならず何度も別の作品で用いたり、さらには複数のモティーフを同時多発的に作品間に流用したりする様子が見て取れるのだ。

芥川が自身の音楽作品で頻繁に行ったモティーフの流用については、多くの先行研究（秋山邦晴、西川尚生、奥平一など）が漏らさず言及する点である。しかしながら、個別のモティーフがどのような作品において登場しどのような経緯で流用されていったのかという作品間の関係について具体的に指摘したものはほぼない。そこで、本章では芥川が映像音楽の分野で頻繁に用いたモティーフをできる限り詳述し、芥川の映画音楽ひいては音楽創作の全体像の解明のための糸口としたい。前述の通り、映画音楽史において同一モティーフがふたつの異なる作品に用いられる例は際限なく見いだせ、モティーフの流用に関する芥川の特殊性を強調するためにも、本章では芥川が異なる三つ以上の作品で用いたモティーフについての記述を中心とする（なお、二作品で流用が確認されたものについては本章第一節の最後にまとめて概説する）。

芥川の手がけた音楽作品のうち、本書執筆時点で三つ以上の作品で流用が確認できたモティーフは一三種類である。それらについて、以下にそれぞれ譜例と登場作品を挙げ説明したのち、流用にあたって何らかの特筆すべき特徴が見いだせるものについては、ケーススタディとして本章後半でさらに詳細な分析を行う。

第一節第一項　赤穂浪士のテーマ

芥川の映像音楽作品、ひいては彼の音楽作品全体の中でももっとも人口に膾炙した音楽。

NHKの大河ドラマ『赤穂浪士』（一九六四年）のテーマとしてよく知られているが、それ以前に『たけくらべ』（五所平之助監督、一九五五年）、『花のれん』（豊田四郎監督、一九五九年）、『ぼんち』（市川崑監督、一九六〇年）の三作品でこのモティーフが用いられていることが確認でき、『赤穂浪士』では四度目かつ最後の登場となる。その特徴として緩やかな舞曲調の楽想、主旋律と対旋律が絡み合いながら五度圏[44]の転調を繰り返す、むちやウッドブロックといった打楽器の効果的な使用、の三点が挙げられる（譜例Ⅲ-1）。なお、同一モティーフではないものの楽想や楽器編成上の特徴がきわめて似通った楽曲が以降の映像作品でも見いだせ、拡大解釈的にこのモティーフが用いられ続けたと推定できる。それに該当する作品は、『地獄変』（豊田四郎監督、一九六九年）、『日蓮』（中村登監督、一九七九年）、『武蔵坊弁慶』（NHK大型時代劇、一九八六年）である。[45]このモティーフの流用の変遷については、第四章にて詳述する。

譜例Ⅲ-1　赤穂浪士のテーマ

44　五度圏については第四章（一一〇および一二一頁）で詳述する。

45　『八つ墓村』（野村芳太郎監督、一九七七年）の公開当時に発売された四五回転盤レコードに収録された《落武者のテーマ》もこの系列に加えられるが、この楽曲は本篇には使われていない。なお、本篇で用いられる（次項で説明する）《落武者のテーマ》と同一名称であるが、別の楽曲であることに注意すべきである。

第一節第二項　落武者のテーマ

『たけくらべ』『花のれん』『ぼんち』、『破戒』（市川崑監督、一九六二年）、『雪之丞変化』（市川崑監督、一九六三年）、『八つ墓村』にそれぞれ登場する。モティーフ名は『八つ墓村』での呼称による。『たけくらべ』、『花のれん』などではフルートなどの木管楽器によって奏でられて寂寥感が醸し出され、『八つ墓村』ではチェロを中心とする低弦楽器が旋律を担うことで重苦しくおどろおどろしい感じが強調される（譜例Ⅲ-2）。なお、『赤穂浪士』の自筆譜「No・30　逢引」「No・44　安吐」[*46]などでもこの旋律が登場することが確認できる。このモティーフについては、次節で詳述する。

第一節第三項　『螢火』メイン・タイトル

『螢火』（五所平之助監督、一九五八年）、『花のれん』『ぼんち』『雪之丞変化』『日蓮』『地獄変』にそれぞれ登場する。[*47]木管楽器を主体としたミステリアスな雰囲気の楽曲。なお、『螢火』のメイン・タイトルのうち前半部（譜例Ⅲ-3a、一～七小節目）が『赤穂浪士』の自筆譜「No・14　浅野家」、中間部（譜例Ⅲ-3a、八～一五小節目）が「No・4　蜘蛛の陣十郎」「No・71」、終盤のピッコロの音型が「No・6　蜘蛛の動機」（譜例Ⅲ-3b）とそれぞれ一致する。

譜例Ⅲ-2　落武者のテーマ

46　このタイトルは芥川の自筆譜の表記に従ったもので、「安堵」の誤記の可能性が高い。

47　この他にも、『五瓣《ごべん》の椿』（野村芳太郎監督、一九六四年）で主人公・おしのが喀血する場面の音楽（1:38:32-1:41:06）に、譜例二～四小節目のピッコロの音型が断片的に（五度下げて）織り込まれている。

譜例Ⅲ-3a　『螢火』メイン・タイトル

譜例Ⅲ-3b　『赤穂浪士』自筆譜「No. 6　蜘蛛の動機」

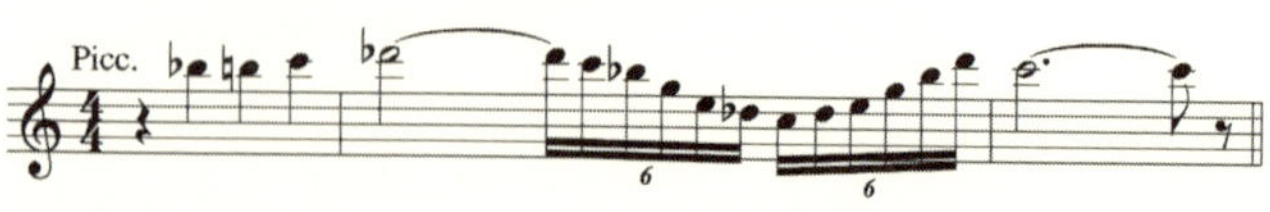

第一節第四項　『花のれん』遺影のテーマ

『螢火』『花のれん』『ぼんち』『雪之丞変化』に登場するモティーフ（譜例III-4）。呼称は『花のれん』における登場場面に基づく。ピッコロによって奏でられる寂寞感漂う旋律が印象的である。なお、『赤穂浪士』自筆譜の「No・57　主従離別」にもこの旋律が登場する。第三章で、『花のれん』当該場面の詳細な映像分析を行う。

第一節第五項　嘆きのテーマ

『地獄門』（衣笠貞之助監督、一九五三年）、《交響曲第一番》、『赤穂浪士』に用いられるモティーフ（譜例III-5）。《交響曲第一番》では作品を貫く循環主題として登場する。音型は若干異なるものの、『八甲田山』（森谷司郎監督、一九七七年）で登場するモティーフも同根と推定される（詳細な分析は第六章で行う）。なお、『赤穂浪士』自筆譜「No・67　赤穂」「No・73　内蔵助暗示」「No・117　別離」などにこの旋律が登場することが確認できる。

第一節第六項　祈りのテーマ

モティーフ名は『地獄変』のサウンドトラック盤の呼称に拠る。『自分の穴の中で』（内田吐夢監督、一九五五年）、『白い牙』（五所平之助監督、一九六〇年）、『破戒』『地獄変』『日蓮』で登場。弦楽器・ピアノ・ティンパニを主体に演奏されるモティーフ（譜例III-6、ただし、『白い牙』では女声合唱が加わり、『自分の穴の中で』ではチェンバロ独

譜例Ⅲ-4 『花のれん』遺影のテーマ

譜例Ⅲ-5 嘆きのテーマ：《交響曲第1番》循環主題（第1楽章30-32小節目、Vn.）

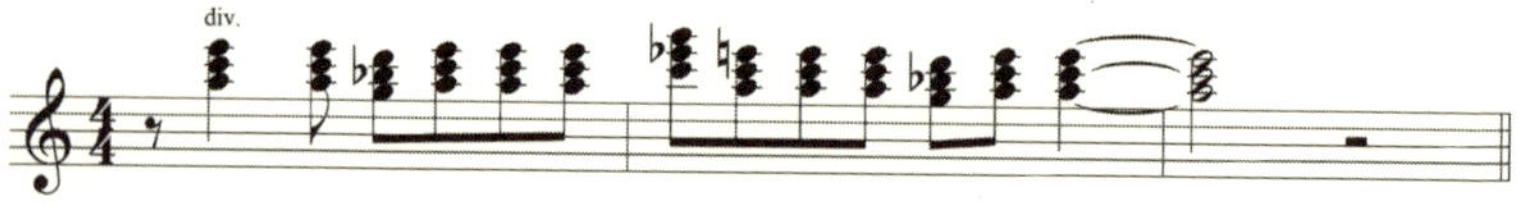

譜例Ⅲ-6 祈りのテーマ

譜例Ⅲ-7 『破戒』メイン・タイトル

奏で演奏される）。なお、『赤穂浪士』自筆譜「No・63A、B　持仏の間　回想」にもこの旋律が確認できる。このモティーフについては、次節で詳述する。

第一節第七項　『破戒』メイン・タイトル

『破戒』、『波影』（豊田四郎監督、一九六五年）で登場するモティーフ（譜例Ⅲ-7）。なお、『赤穂浪士』自筆譜「No・133　回想」にもこの旋律が確認できる。

第一節第八項　衝撃のテーマ

『暗夜行路』（豊田四郎監督、一九五九年）、『おとうと』（市川崑監督、一九六〇年）、『白い崖』（今井正監督、一九六〇年）、『左ききの狙撃者　東京湾』（野村芳太郎監督、一九六二年）に登場するモティーフ（譜例Ⅲ-8）。『暗夜行路』で主人公・時任謙作（池部良）が妻・直子（山本富士子）の腕に痣を見つけて彼女が自分の留守中に強姦されたことを知る場面（図Ⅲ-1からⅢ-4）のように、物語に何らかの衝撃を与える事物に対して付せられる。《エローラ交響曲》（一九五八年）に登場する五音の堆積音型がもとになると考えられ、それと同種のモティーフが『螢火』、『鍵』『野火』（ともに市川崑監督、一九五九年）、『鬼畜』（野村芳太郎監督、一九七八年）にも現れる。

第一節第九項　『暗夜行路』メイン・タイトル

『暗夜行路』『おとうと』、『巨船ネス・サブリン』（楠木徳男・富沢幸男監督、一九六

譜例Ⅲ-8　衝撃のテーマ
ト音記号部はVn. Vl.などの弦楽器、ヘ音記号部はVc. Cb.などの低弦楽器で演奏される。

図Ⅲ-1　『暗夜行路』1:26:16
謙作が直子の腕を取る

図Ⅲ-2　『暗夜行路』1:26:20
直子の腕の痣を見つめる謙作

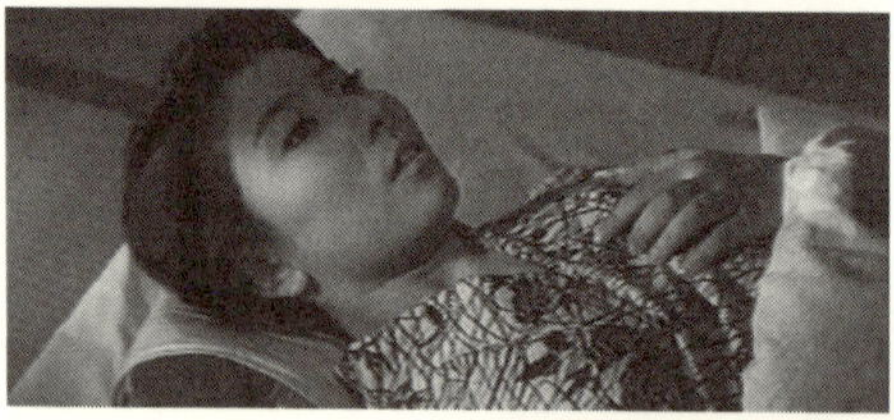

図Ⅲ-3　『暗夜行路』1:26:27
呆然とする直子

図Ⅲ-4　『暗夜行路』
当該場面の撮影スナップ
左から池部良（謙作役）、一人挟んで豊田四郎（監督）、山本富士子（直子役）
筆者蔵

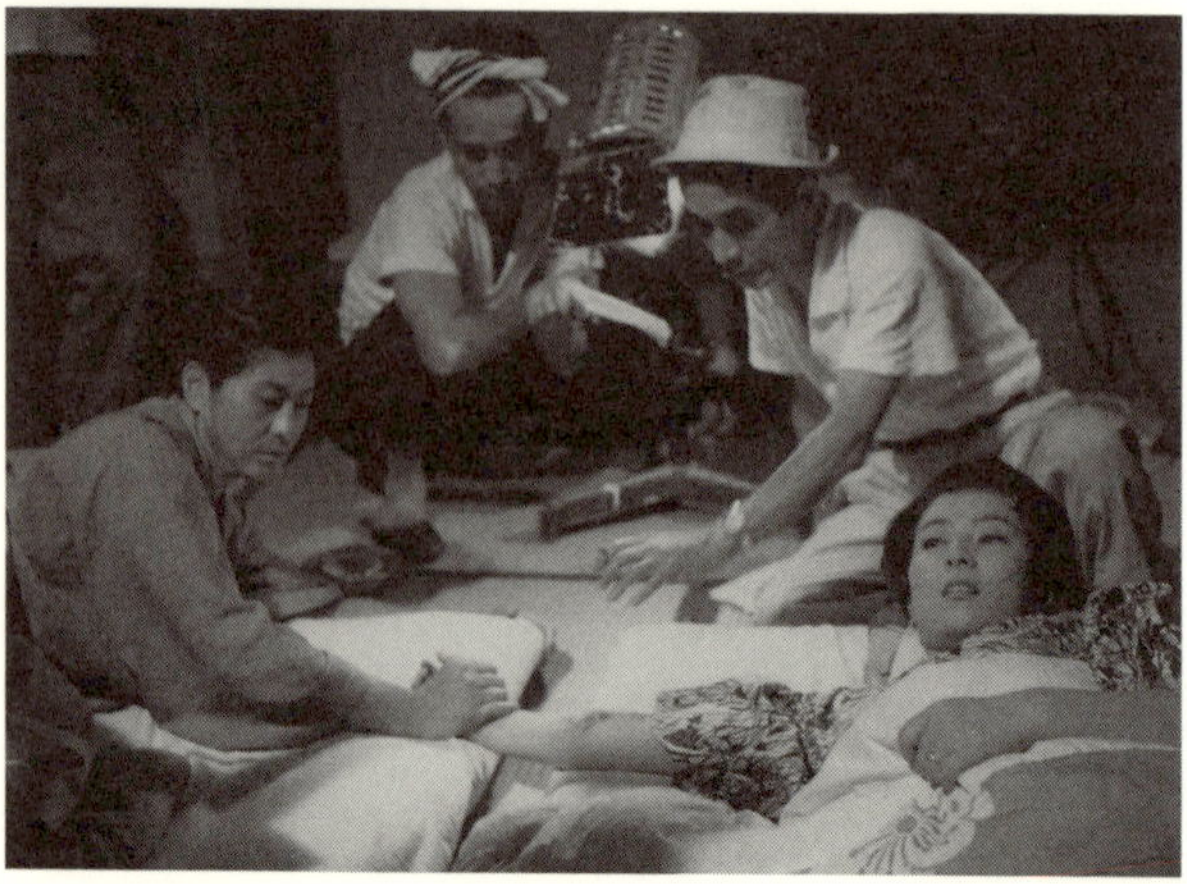

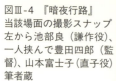

一年）で登場するモティーフ（譜例Ⅲ-９a）。短く活発なオスティナートの多い芥川の音楽の中ではやや異質な、息の長い楽想が特徴的である。『おとうと』では、物語の後半、げん（岸恵子）と碧郎（川口浩）が手首をリボンで結び病室で一緒に寝る場面に登場する（1:29:30-1:30:26）が、後半には作品のメイン・テーマに接続する（譜例Ⅲ-９b）。なお、『わが愛』（五所平之助監督、一九六〇年）の終盤、主人公・きよ（有馬稲子）が新津（佐分利信）と住んだ山奥の家を引き払う場面に、このモティーフに酷似した音楽（譜例Ⅲ-９c）が現れる。両者ははじめの五音がリズムも含めて完全に一致するが、『暗夜行路』に特徴的な五音目から六音目にかけての半音階的進行（G-Fis）および六音目から七音目にかけての減六度進行（Ges-H）が『わが愛』にはなく、差異が顕著である。

第一節第一〇項　『夕凪』メイン・タイトル

『夕凪』（豊田四郎監督、一九五七年）、『ぼんち』、『最

譜例Ⅲ-9a 『暗夜行路』メイン・タイトル

譜例Ⅲ-9b 『おとうと』1:29:30-1:30:26
11小節目から『おとうと』のメイン・テーマに接続する。

譜例Ⅲ-9c 『わが愛』1:32:09-1:32:36

後の切札』（野村芳太郎監督、一九六〇年）で登場するモティーフ（譜例III-10）。トランペットやサクソフォンの音色が印象的で、全体的に気だるい感じが漂う楽曲である（『夕凪』公開当時に流行していたマンボなどのラテン音楽の影響も垣間見える）。冒頭の六小節はトランペット・ソロと打楽器によって奏され、『夕凪』では、この楽節が東宝マークと「宝塚映画作品」のロゴに対応する（図III-5およびIII-6）。

第一節第一一項 『煙突の見える場所』メイン・タイトル

『煙突の見える場所』、『欲』（五所平之助監督、一九五八年）

図Ⅲ-5 『夕凪』東宝マーク (0:00:04)

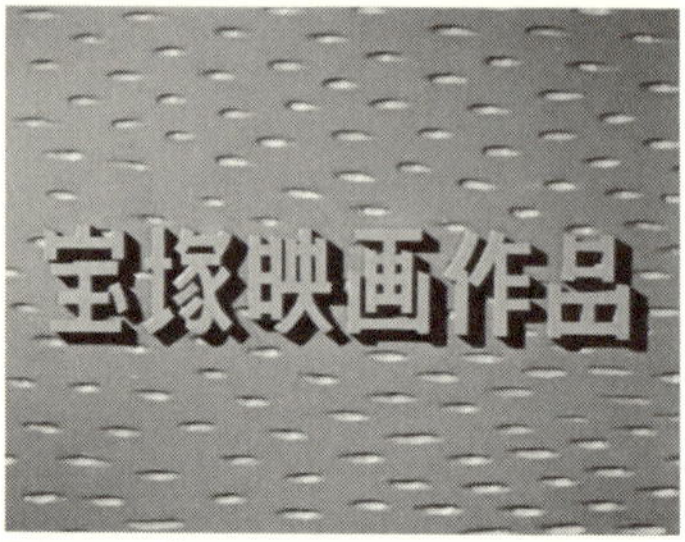

図Ⅲ-6 『夕凪』宝塚映画ロゴ (0:00:15)

譜例Ⅲ-10 『夕凪』メイン・タイトル

譜例Ⅲ-11 『煙突の見える場所』メイン・タイトル

に登場するモティーフ（譜例Ⅲ-11）。楽想は《交響管弦楽のための音楽》の第一楽章に酷似している。このモティーフはふたつの映画作品にしか登場しないが、芥川の映画音楽実践のうえで重要であると考えられるため、次節で詳しく取り上げる。

第一節第一二項　『台風騒動記』メイン・タイトル

『台風騒動記』（山本薩夫監督、一九五六年）のメイン・タイトルとして登場するモティーフ（譜例Ⅲ-12）。同じモティーフがややテンポを上げた形で、『１００万人の娘たち』（五所平之助監督、一九六三年）の主人公・悠子（岩下志麻）が上京して都心の雑踏を歩く場面のほか、『東京夜話』（豊田四郎監督、一九六一年）のメイン・タイトルにも流用される。『台風騒動記』については、第五章で詳細な分析を行う。

第一節第一三項　『雪之丞変化』の音楽

『雪之丞変化』に登場する、芥川らしい快活なオスティナートに貫かれた楽曲（譜例Ⅲ-13）。同作のサウンドトラックCDでは、〝S＃46冬の曇を暴徒が走る〟として収録される（トラック四六）。この楽曲は、同作の四年前に公開された『花のれん』で、多加（淡島千景）たちが安来節の唄い手を探しに出雲に出向く場面（一時間一分頃）が初出だと推定される。『花のれん』では前半の繰り返しが省略され、同作の音響上重要な役割を担うウッドブロックが加わるなど、『雪之丞変化』との違いがいくつか見いだせるものの、強拍を少しずつずらして複雑なリズムを醸し出す手法は、紛れもなく共通するものである。

譜例Ⅲ-12　『台風騒動記』メイン・タイトル

譜例Ⅲ-13 『雪之丞変化』より「S#46冬の曇を暴徒が走る」

第一節第一四項　その他のモティーフ

先に挙げた一三種類のモティーフ以外にも、二作品間におけるモティーフの流用例や、演奏会用作品から映画への流用例がいくつか確認できる。以下にその概要を示す。

一　『花のれん』で多加が白無垢姿で葬儀に臨む場面（四〇分頃）および多加と久雄（石濱朗）の口論場面（一時間五九分頃）に登場する旋律が、『おとうと』で署の男（仲谷昇）にげんが言い寄られる場面（四一分頃）に用いられる。

二　『破戒』の終盤の音楽が、オムニバス映画『嘘』（増村保造／吉村公三郎／衣笠貞之助監督、一九六三年）の最後に現れる。なお、『破戒』の同一演奏と思しき音源は『私は二歳』（市川崑監督、一九六二年）の終盤（一時間二二分頃）にも流用が確認できる。

三　『太平洋ひとりぼっち』で謙一（石原裕次郎）と先輩（ハナ肇）の会話（四五分頃）など作品中で随所に現われる旋律が、『波影』のメイン・タイトルに登場する。

四　《交響曲第一番》の第三楽章が『おとうと』の喀血場面（一時間一二分頃）に現れる。

五　舞踏組曲《蜘蛛の糸》（一九六八年）の第六曲〈極楽の昼〉と第四曲〈血の地獄〉が『日蓮』に用いられる。前者は日蓮（萬屋錦之介）が諸国行脚に出る場面（五〇分頃）および日蓮が自らの死期を悟る場面（二時間一四分頃）、後者は弘安の役の場面（二時間一一分頃）に現れる。なお、〈血の地獄〉は、『地獄変』で良秀（仲代達矢）が鬼気迫る様子で創作に取り組む場面（一時間〇〇分頃）にも登場する。[*48]

48　なお、この場面では《蜘蛛の糸》の音楽に電気的に変調された音響が被さっている。ほかにも、堀川の大殿（中村錦之助［萬屋錦之介］）の屋敷で地獄絵に書き加えようとしている牛車について説明する良秀の台詞にも電気的変調が加えられていることが確認でき（1:10:22-1:10:34）、良秀の言動が常軌を逸していく様子を描くためにその技法が用いられているさまがうかがえる。

第二節　モティーフの流用に関するケーススタディ

第二節第一項　モティーフが流用されるとき——現存自筆譜にうかがえる楽譜レベルでの流用

本節では、前節に挙げた各モティーフの中でも、流用に関して何らかの特徴が見いだせるものを具体的に取り上げてケーススタディ的に論じていく。しかしその前に、芥川がどのように、あるいはいかなる状況で既出のモティーフを後続作品に流用していたかを、楽譜調査からわかる範囲で辿ってみたい。

まず、前節第一三項で取り上げた『花のれん』と『雪之丞変化』間で用いられた楽曲についてである。

実は、この楽曲の自筆譜の現存状況はやや錯綜している。日本近代音楽館所蔵の『花のれん』自筆譜のうち、当該楽曲は表紙に「No・9」と書かれた譜面の前半部分（具体的には〝①〟と書かれた箇所）であるが、同じ資料群の中には表紙に「No・75」と書きつけられた、当該楽曲とぴったり一致する内容の譜面も現存している。『花のれん』の本篇中に登場する楽曲数は二〇であり、「75」という数字は曲の番号としては整合性がない。確認の術がないため、これはあくまで筆者の想像の域を出ないが、約一二〇の楽曲が用いられた『赤穂浪士』の現存しない映像のどこかにこの楽曲が用いられたと考えられる。

続いて前節第一四項で取り上げた《蜘蛛の糸》の映画への流用例である。

筆者が行った日本近代音楽館所蔵の自筆譜調査によって、『日蓮』の自筆譜の中に、《蜘蛛の糸》作曲時に書かれたものと推定されるＮＨＫのマークが入った五線譜が紛れ込んでいることが確認された。《蜘蛛の糸》はＮＨＫの委嘱作品であることから、この譜面は《蜘蛛の糸》のために書かれたものと考えるのが妥当だろう。ある作品に異なる作品の譜面が紛れ込んでいる例がいくつか存在するという事実は、『花のれん』と『雪之丞変化』の流用例とあわせて、芥川が楽曲を別の作品に用いる場合に手許の楽譜を参照しながら作業を行っていた様子がうかがえる興味深い証左である。本節第五項（九五-九六頁参照）で詳しく引用するが、ある作品である楽曲を楽譜ごと流用したという芥川本人の証言が残されているという事実を踏まえても、彼がモティーフの流用を行うにあたって、既出作品の譜面を手許に置きながら作曲に従事していた可能性はきわめて高いのである。

第二節第二項　血塗られたモティーフ――落武者のテーマ

それでは、ここからは具体的なモティーフを取り上げて論じていきたい。

『八つ墓村』で用いられた《落武者のテーマ》である。このモティーフは、『八つ墓村』に登場する前に四本の映画に流用されていることが確認できるが、用いられる作品には主題の一貫性が見いだせる。すなわち、『花のれん』における息子をめぐる養母と実母の言い争い、『ぼんち』における老舗足袋問屋の若主人と家内で権勢を振るう祖母や母親たちの相剋、あるいは『破戒』における自身の出自を知り懊悩する主人公、そして『八つ墓村』における落武者の祟りが伝わる山深い村落など、「血」あるいは「血筋」といった主題が取り扱われる作品において、きまって《落武者のテーマ》が登場するのである。

このモティーフが芥川の映画音楽ではじめて用いられたと推定される『たけくらべ』の一場面（1:6:32-1:12:38）を詳しく見てみよう。主人公・美登利（美空ひばり）が荒物屋のおばさん（山田五十鈴）のもとを久しぶりに訪れると、彼女は昼間から酒を飲んでいる。薬をいくら飲んでも体調がよくならないと嘆く彼女に、美登利は姉の大巻太夫（岸恵子）も病気になったと告げる。それを聞いたおばさんは俄《にわ》かに笑い出し、大巻もたぶん自分と同じ病気だろうと答える。おばさんもかつては吉原の花魁だったからである。「こんなおばさんはじめて見た」と訝《いぶか》る美登利。美登利をじっと見据えるおばさんの顔はやつれきっている。おばさんは美登利に花魁としての心構えを教えようとするが、彼女は興味を示さない。すると、幼馴染の信如（北原隆）が外を通りかかる。美登利は信如に好意を抱いているが、少し前に些細なことから仲違いしてしまっていた。飛び出して声をかける美登利。しかし、信如はそのまま立ち去っていく。美登利が店の中に戻ってきたところで、《落武者のテーマ》が流れはじめる（1:09:38）。信如を罵る美登利に、おばさんは彼のことが好きなのだろうと囃《はや》す。だが、花魁はお金さえ持ってくれればどんな客でも相手にしなければならないのだから、信如のことはあきらめたほうがいいと冷たく告げる。おばさんの話しぶりや表情は次第に鬼気迫るものとなり、美登利はおばさんを怖がる。おばさんは怖がらせてしまったことを詫びる。頷く美登利。と、違和感を覚えた美登利はすっと立ち上がり、厠に駆け込む。辺りが暗くなりはじめ、おばさんは火屋に灯を点す。《落武者のテーマ》の旋律はここで途切れ（1:11:52）、《交響曲第一番》の第三楽章を彷彿とさせる木管楽器と打楽器が一定間隔のリズムを刻むような楽曲に引き継がれる。絶望したような表情で戻ってきた美登利は、おばさんに「おばさん……嫌だ私、どうしよう、嫌だ、嫌だよう」と泣いてすがる。おばさんは何かを悟った様子で、はじめは嬉しそうに（図Ⅲ-7）、しかし次第に憐れむような表情（図Ⅲ-8）を浮かべて美登利に寄り添う。

図Ⅲ-7 『たけくらべ』1:12:25

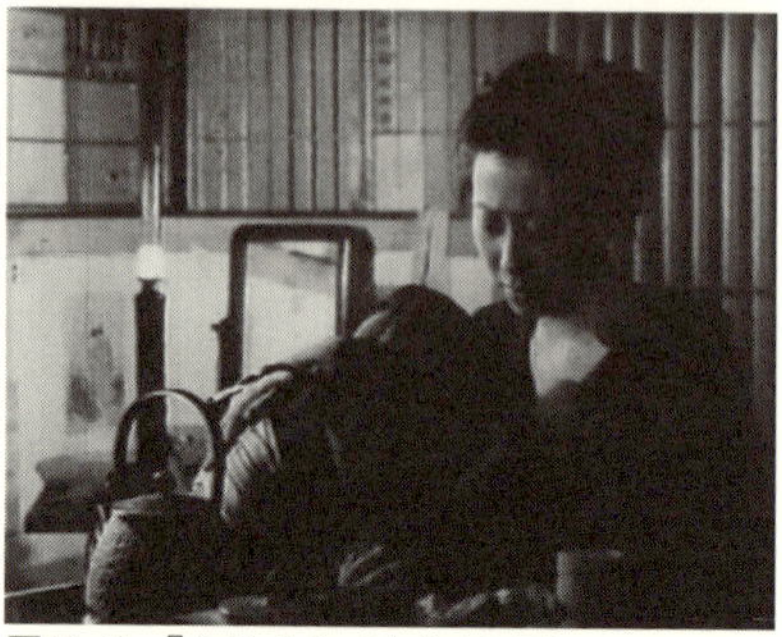
図Ⅲ-8 『たけくらべ』1:12:30

この場面で、なぜ美登利は泣いてすがり、おばさんは何を悟ったのだろうか。
その答えは続く美登利の両親の会話（1:12:44-1:13:14）によって明らかになる。美登利は医者に見せなくてもいいのかと父親が尋ねると、母親は笑いながら美登利は病気ではないと答える。事態が飲み込めない父親に向かって、母親は「大人になったんだよ」と告げる。まだ理解できない父親に対し、母親が「御赤飯炊いてお祝いするんじゃないか、女の子のいる家じゃあ。あれですよ」と補足し、父親も「ああ、あれか」と納得する。つまり、美登利は初潮を迎えたのである。姉と同じく、いずれは美登利も花魁になることが定められており、彼女が初潮を迎えたということは初見世の日がそう遠くないことを意味する。美登利が嫌だと泣いておばさんにすがりついたのは、吉原に赴くときがいよいよやってきたことを悟り、これまで自分が親しんできた世界と別れなければならぬことを辛く感じたからである。そして、おばさんの表情の変化は、美登利が大人に近づいたことを純粋に嬉しく思う一方、若いうちから客を取らされた末に自分や大巻のように病に侵されて死んでいくかもしれない美登利の過酷な運命に想いを馳せ暗澹たる気分にとらわれたからに他ならない。

このように《落武者のテーマ》は、はじめて登場したときから一貫して「血」と関わりのある血塗られたモティーフだといえる。

第二節第三項　虐げられた魂への挽歌——祈りのテーマ

ふたつ目に取り上げるのは、『地獄変』などで用いられた《祈りのテーマ》である。

この題名は『地獄変』のサウンドトラック盤の呼称に基づくものだということはすでに説明した通りだが、このモティーフは『地獄変』以前の作品に（現在映像を確認できないものも含めて）四度登場している。

　このモティーフがはじめて登場したと推定されるのは、一九五五年の『自分の穴の中で』においてである。同作の中盤で、主人公・多実子（北原三枝）は京都にある土地の売却に出向くため京都行きの列車に乗り込んだものの、結局知人である伊原（三國連太郎）とともに小田原で下車し、そのまま箱根の温泉旅館に向かう。客室に置かれた鏡台の前で、このあと経験することになるだろう伊原との情事を想像して、多実子が懊悩する（四三分～四四分頃）。その背景に、この音楽が流れるのである。このモティーフは、『自分の穴の中で』の五年後に作られた『白い牙』（五所平之助監督、一九六〇年）においても用いられていることが確認できるが、興味深いのは、どちらも主人公が処女を喪失したと考えられる場面だということである。

　それでは、『自分の穴の中で』に次いでこのモティーフが登場する『白い牙』の当該場面を具体的に見てみよう。本篇一時間三三分頃にある、恋人の角田（南原宏治）が父・東作（佐分利信）の愛人・阿佐子（桂木洋子）と関係を持ったことに絶望した主人公・紗夷子（牧紀子）が、家を飛び出し神戸の港町を彷徨する場面である。彼女は米海軍の兵士と思しきある外国人に片言の日本語で声をかけられる。腕を引っ張られながら歩く彼女に、水兵が「お嬢さん、一晩、いくら？」と話しかける。自分が娼婦に間違えられたことに気づき、彼女は驚いて立ち止まるが、水兵はホテルに向かうためにタクシーを止めようと声を上げる。水兵がタクシーを止めるべく吹いた口笛に伴うように、紗夷子が息を飲むような表情を浮かべる（図Ⅲ-9）。すぐにタクシーが捕まり、水兵が「いいでしょ？」と声をかける。「あげます」とひと言発した紗夷子（図Ⅲ-10）はみずからタクシーに乗り込む。場面が変わり、自宅では角田・阿佐子・東作が家を飛び出した紗夷子を心配している（図Ⅲ-11）。続いて、ホテルのネオンサインが映し出され（図Ⅲ-12）、キャメラが右にパンしながら一室の窓にズームしていくと、窓辺に下着姿の紗夷子がやってくる。奥にはベッドに横たわる上半身裸の男がいる。彼女はカーテンを開け、ずれた下着の肩紐を直す（図Ⅲ-13）。

図Ⅲ-9 『白い牙』01:33:05

図Ⅲ-10 『白い牙』01:33:17

図Ⅲ-11 『白い牙』01:33:47

図Ⅲ-12 『白い牙』01:34:19

図Ⅲ-13 『白い牙』01.34.45

この場面において、《祈りのテーマ》は水兵が吹いた口笛に導かれるようにして一音目が鳴り、紗夷子がホテルの窓辺に佇むシークェンスの終わりまで流れる。はじめは小さな音量だった音楽は、場面が進むにつれて次第に大きくなっていき、終わりで最高潮に達する。紗夷子が発した「あげます」という言葉の意味は、言うまでもなくみずからの身体を差し出すということであり、さらに『自分の穴の中で』の例を踏まえれば、水兵にみずからの処女をも捧げるということだと解釈できる。

『白い牙』に続いて《祈りのテーマ》が用いられたのは、二年後に製作された『破戒』においてである。しかし、本作ではこのモティーフは主人公の処女喪失を象徴してはいない。モティーフが現れるのは、作品の山場である、小学校の代用教員を務める主人公・瀬川丑松（市川雷蔵）が生徒たちの前でみずからが被差別部落の出身であることを明かす場面（1:29:15-1:33:45）においてである。丑松が涙ながらに語る悲痛な告白に、教室の生徒たちもみな涙する。《祈りのテーマ》はみずからの出自に目を背けず向き合うことを決意した丑松に寄り添うように響き、さながら十字架を背負わされた魂への挽歌のような意味合いを帯びる。『破戒』に続いてこのモティーフが映画で用いられた『地獄変』や『日蓮』でも、牛車ごと焼かれて死んだ娘や戦いで殺されて死んだ武士を弔うような役割を担っており、「虐げられた者たちへ捧げられる挽歌」という意味合いが引き継がれていった。[*49]

49 なお、第一節第六項でも述べたように、このモティーフは『赤穂浪士』の自筆譜の中にも確認できるが、映像が現存しないゆえに詳細な分析が施せないため、ここでは割愛する。

第二節第四項　「上方もの」「時代劇」を往還する諸モティーフ、その集積地としての『赤穂浪士』

『螢火』のメイン・タイトル（譜例Ⅲ-３ａおよびⅢ-３ｂ）や『花のれん』の遺影のテーマ（譜例Ⅲ-４）は、どちらも『螢火』『花のれん』『ぼんち』『雪之丞変化』『赤穂浪士』という一連の作品に用いられている。ひとつのモティーフが五作に用いられることと自体驚くべきことであるが、ふたつの異なるモティーフが同じ五作に現れるというのは、おそらく世界映画史上でも唯一の例ではないだろうか。これら五作には上方を舞台とした作品ないしは時代劇といういずれかの（あるいは両方の）条件が当てはまり、緩やかに作品群をなしている。そして、その中心に据えられる作品が、『赤穂浪士』である。

芥川の映像音楽においてもっとも高い知名度を誇る作品のひとつが、一九六四年に放映されたＮＨＫの大河ドラマ『赤穂浪士』のテーマ音楽である。同年一月から一二月にかけて放送された本作の映像素材は、貴重な録画テープを使い回して収録していたテレビ放送初期の製作体制ゆえ、残念ながら第四七回（『討入り』）以外の映像がほとんど残されておらず、[*50] その全貌を捉えることは困難である。ただし、芥川の音楽については、全五二回の放送で用いられた約一三〇曲の自筆譜（スコア）が日本近代音楽館に収蔵されており、彼の手稿資料としては異例なまでに充実していることが特筆される。

『赤穂浪士』の手稿資料を調査すると、芥川がそれ以前の作品に用いたモティーフがふんだんに再利用されている様子が手に取るようにわかる。三作品以上で流用が確認できた一三種のモティーフのうち、実に七種が『赤穂浪士』の自筆譜の中に登場するので

50 鈴木嘉一によると、二〇〇九年の調査で「松の廊下」の場面が含まれた広報番組が発見された（鈴木、四六頁）。

ある（表Ⅲ-aおよびⅢb）。一年にも及ぶ長丁場の仕事のため、音楽素材を再利用することで作曲の効率化を図ったと推測されるが、彼がそれまでに用いた芥川のモティーフの流用が極大に達した、いわばモティーフの集積地として重要な作品である（同作の映像がほぼ現存しないため、映像に即した分析を行えないことが残念でならない）。

第二節第五項　映画監督との協働——シグナル・ミュージック

最後に、芥川が映画監督との協働の下にモティーフの流用を行った例を挙げておく。芥川が頻繁に組んだ映画監督として、豊田四郎（一九〇六—七七年）、市川崑（一九一五—二〇〇八年）、野村芳太郎（一九一九—二〇〇五年）、そして五所平之助（一九〇二—八一年）の四人の名が挙げられる。彼らの中でも、もっとも年長である五所との組み合わせは監督と作曲家の緊密な協働がうかがえる点で貴重である。

芥川が五所とはじめて組んだのは、『煙突の見える場所』（一九五三年）においてである。仕事に取りかかる前に、芥川はすでに五所作品を手がけていた先輩作曲家[*51]から、五所は音楽に関する注文が細かい音楽家泣かせの監督の筆頭だと忠告を受けて戦々恐々としていたものの、実際仕事をしてみると、五所はダビングの間ずっと笑顔を浮かべているだけで、芥川の音楽に対して何ひとつクレームをつけることもなく、狐につままれたようだったという（芥川一九八一、八七頁）。秋山邦晴が「甘美なメロディで粉飾したものではなく、単純で明快なリズム的な展開を持った主題の表現」（秋山、一一二頁）と評価するように、『煙突の見える場所』の主要テーマはスネア・ドラムが印象的なきわめ

51 貝山知弘のインタビューで、芥川はそれが斎藤一郎（一九〇九—七九年）だと明かしている（貝山［構成］一九九七、頁数なし）。

てリズミックな楽曲である。この音楽が、芥川本人が「音楽が画面に切り込んでいって欲しいって、よく言われました。だから、わりとリズム感が要求されるんですね。」（貝山［構成］一九九七、頁数なし）と述べた、五所の求める映画音楽のひとつの理想に適って彼を満足せしめたために、芥川は何のクレームや注文も受けなかったのである。[*52] そして、芥川はこの音楽で毎日映画コンクール音楽賞とブルーリボン賞音楽賞を受賞し、映画の仕事における代表作のひとつとした。

なお、このモティーフは五年後に製作された五所作品『欲』（一九五八年）で再登場する。その際の芥川のコメントを引用する。

> あの人はちょっと考えられないようなイメージがあるんだなあ。とても飛躍の多いイメージを持っているんですよ。そこでぼくは気狂いみたいになって反対する。［……］そして宿屋でいろいろ考えていると、五所さんが言ったことが、どうも正しいように思えてくるんだなあ。そのほうがいいって思えてくるんですよ。
>
> この作品〈引用註・『煙突の見える場所』〉のあと、『欲』（一九五八）という映画を一緒にやったことがあったんですよ。［……］
>
> ところが五所さんは、この映画に『煙突の見える場所』の音楽を使いたいと言いだすんですよ。前にやった音楽をまた使うなんて、とても考えられないことですよ。だけどよく考えてみると、今までそうした方法がなかったんだから、それもいいかもしれないと思えてきたんですよ。それで急遽京都から飛行機で自宅まで楽譜を取

52 このことは、キャメラマンの宮川一夫（一九〇八―九九年）が『羅生門』（黒澤明監督、一九五〇年）に携わったときのある挿話を思い起こさせる。すなわち、宮川は自身では満足のいく仕事ができたと思っていたものの、肝心の黒澤からは何のコメントももらえない（無論、黒澤は宮川の仕事ぶりに心から満足しており、単にコメントの機会を逸していただけだった）。心配になった宮川は、同作に出演していた志村喬を通じて黒澤に確認を求めた。志村から訊かれた黒澤は、慌てて「百点だよ。キャメラは百点！　百点以上だ！」と言った、というものである（宮川、六三―六五頁）。『煙突の見える場所』の芥川の音楽に対して、五所も百点あるいはそれ以上の評価を下したのではないだろうか。

りにいってもらって、この作品の終わりのほうで使ったことがありますよ。五所さんは「監督はシグナル・ミュージックを持たなければならない」とも言っていた。つまりヒッチコックが自分の映画に出演するみたいに、監督の自分のシグナル音楽をいつも映画に使えというわけですよ。

（秋山、一一三頁）

『煙突の見える場所』の音楽を『欲』に配するというアイディアが、芥川ではなく五所からの発案であるという点は注目に値する。既出の音楽の再利用は、映画監督と作曲家の緊密な協働が結実したものだった。そして、表Ⅲ-aおよびⅢ-bから、芥川がモティーフの流用をおびただしく行いはじめたのが『欲』の製作翌年の一九五九年以降であるとわかることからも、五所のこの考えは芥川の映画音楽語法にも大きな影響を及ぼしたと考えられる。本章で言及した、芥川の映画音楽語法の深化とシグナル・ミュージック論の関わりは次章で、芥川にとって五所に並んで重要な存在だった野村芳太郎との協働については、第五章にて詳述する。

表Ⅲ-a　芥川映像音楽におけるモティーフの流用（1）※本章第1節第14項の例を除く

	赤穂浪士のテーマ	落武者のテーマ	『螢火』メイン・タイトル	『花のれん』遺影のテーマ	嘆きのテーマ	祈りのテーマ
1950年						
1951年						
1952年						
1953年					『地獄門』	
1954年					《交響曲》	
1955年	『たけくらべ』	『たけくらべ』			《交響曲第1番》	『自分の穴の中で』
1956年						
1957年						
1958年			『螢火』	『螢火』		
1959年	『花のれん』	『花のれん』	『花のれん』	『花のれん』		
1960年	『ぼんち』	『ぼんち』	『ぼんち』	『ぼんち』		
1961年						『白い牙』
1962年		『破戒』				『破戒』
1963年		『雪之丞変化』	『雪之丞変化』	『雪之丞変化』		
1964年	『赤穂浪士』	『赤穂浪士』	『赤穂浪士』	『赤穂浪士』	『赤穂浪士』	『赤穂浪士』
1965年						
1966年						
1967年						
1968年						
1969年	(『地獄変』)		『地獄変』			『地獄変』
1970年						
1971年						
1972年						
1973年						
1974年						
1975年						
1976年						
1977年	(『八つ墓村』) ※EP盤《落武者のテーマ》	『八つ墓村』			(『八甲田山』)	
1978年						
1979年	(『日蓮』)		『日蓮』			『日蓮』
1980年						
1981年						
1982年						
1983年						
1984年						
1985年						
1986年	(『武蔵坊弁慶』)					
1987年						
1988年						
1989年						

※丸括弧で囲んだ作品名は、モティーフの流用はないものの、同根あるいは強い影響を受けたと推定されるモティーフが現れる作品を意味する。

表Ⅲ-b　芥川映像音楽におけるモティーフの流用（2）　※本章第1節第14項の例を除く

	破戒 メイン・タイトル	衝撃 のテーマ	『暗夜行路』 メイン・タイトル	『夕凪』 メイン・タイトル	『煙突の見える場所』 メイン・タイトル	『台風騒動記』 メイン・タイトル	『雪之丞変化』 の音楽
1950年					(《交響管弦楽のための音楽》)		
1951年							
1952年							
1953年					『煙突の見える場所』		
1954年							
1955年							
1956年						『台風騒動記』	
1957年				『夕凪』			
1958年		(《エローラ交響曲》) ／(『螢火』)			『欲』		
1959年		(『鍵』)／(『野火』) 『暗夜行路』	『暗夜行路』				『花のれん』
1960年		『おとうと』 『白い崖』	『おとうと』 (『わが愛』)	『ぼんち』 『最後の切札』			
1961年			『巨船 ネス・サブリン』			『東京夜話』	
1962年	『破戒』	『左ききの狙撃者 東京湾』					
1963年						『100万人の 娘たち』	『雪之丞変化』
1964年	『赤穂浪士』						『赤穂浪士』
1965年	『波影』						
1966年							
1967年							
1968年							
1969年							
1970年							
1971年							
1972年							
1973年							
1974年							
1975年							
1976年							
1977年							
1978年		(『鬼畜』)					
1979年							
1980年							
1981年							
1982年							
1983年							
1984年							
1985年							
1986年							
1987年							
1988年							
1989年							

※丸括弧で囲んだ作品名は、モティーフの流用はないものの、同根あるいは強い影響を受けたと推定されるモティーフが現れる作品を意味する。

第四章

芥川映像音楽作品論（II）
テーマ音楽の強調

本章では、芥川のあるインタビューを引き合いに出して、彼の映画音楽に対する考えや音楽語法がどのように変わっていったのか、またそれが各時期の作品にどのように反映されているのかということを論じたい。

第一節　芥川の映画音楽観の変遷

一九七八年に行われたインタビューにおいて、芥川は自身の映画音楽観について以下のように述べている。

『夜の終り』って映画があるんですが、その頃、ぼくは、音楽っていうのは、画面の中から出てこなきゃいけないって考えていました。〔……〕駅のプラットホームのスピーカーの音や、町のノイズの中から、どっかの店が音楽を流しているって感じでね、大スクリーンの一番奥のところに音楽があるべきだと考えていました。〔……〕今では、スクリーンから、一番遠いところに音楽は有るべきだと思っています。台詞とか効果音とかは、画面と一致していなくてはいけない。しかし、音楽は、全然、別のところから画面にぶつけられるものだと考えています。映像として完結した画面に、分けて入っていく、あるいは対立するものだということですね。

［……］やっぱり、テーマ音楽ってものですかね。外からテーマ音楽を画面にぶつけてくってことになると、うまくいく場合は、ものすごく強烈な効果になるけれども、うまくいかない場合も出てくるんですよ。［……］部分的にはうまくいかない時があっても、トータルとしては、そちらの方が表現として効果的だと思うんです。観客に残りますすね。逆に、シーン、シーンに合わせた音楽っていうのは、部分的には画面とちまちまっとうまく同居するけれど、トータルの印象としては、とても弱いものになります。

（貝山［構成］一九九七、頁数なし）

「大スクリーンの一番奥のところ」にあって、「画面とちまちまっとうまく同居する」音楽から、「全然、別のところから画面にぶつけられ」て、「観客に残」るテーマ音楽へ。これは、芥川の映画音楽に対する考え方の変遷をもっとも端的に示した文章であると筆者は考える。

芥川の映画音楽のキャリアが一九五一年から一九七〇年までのⅠ期と一九七四年から一九八二年までのⅡ期というふたつの活動期に分けて考えることができることは第一章で述べた通りだが、本章では、Ⅱ期に当たる一九七八年になされた前掲インタビューにおいてみずからの映画音楽設計の理想として掲げた「テーマ音楽の強調」が、Ⅰ期の諸作品群の中でどのように醸成・顕現していったのかを検証し、芥川の映画音楽語法の変遷について考察する。その際にキーワードとなるのが、前章で取り上げた「モティーフの流用」である。芥川の音楽創作においてモティーフの流用はきわめて重要な要素であり、先行研究においても指摘されていることである。そしてそれは、彼の映画音楽においてより顕著に見いだせるのである。

すでに述べたように、映画音楽において、ある作曲家が自作品のあるモティーフを流用することはさして珍しいことではない。先に挙げた例を除いたとしても、伊福部昭がいわゆる《伊福部マーチ》を『ゴジラ』(本多猪四郎監督、一九五四年)以降の数多の東宝特撮作品で響かせていることはよく知られているし、「3人の会」のメンバーである團が管弦楽組曲《シルクロード》の第四曲〈行進〉を記録映画『カラコルム』(一九五六年、音楽は黛敏郎との共作)にほぼそのまま用いていたりするなど、流用例は枚挙に暇がない。しかし、芥川の流用の実践が映画音楽史上で突出しているといえるのは、その引用回数の多さと用いられる作品の多彩さゆえである。すなわち、同じモティーフを繰り返し何度も、さらには《伊福部マーチ》のごとく特定のジャンルに限定することなく幅広い作品に流用しているのである(この点については、前章において具体例に論じた通りである)。「モティーフの流用」を補助線にして、芥川の映画音楽美学がどのようにして「テーマ音楽の強調」へと傾いていったのかを明らかにすることが、本章の眼目である。

なお本章で取り扱う主な映画作品は、芥川がはじめて手がけた『えり子とともに』(一九五一年)でメガホンを執った、豊田四郎の監督作品から選ぶ。映画音楽作曲家としてのキャリアの第一歩に立ち会ったという点で、豊田は芥川にとって重要な存在であるだけでなく、芥川は一九五二年から一九六一年に製作された豊田の監督作品、具体的には『春の囁き』（一九五二年）から『東京夜話』（一九六一年）に至る一七本において、團伊玖磨とともに音楽をほぼ独占的に担当し、豊田との強い結びつきを保ってきた。この時期は、豊田が『夫婦善哉』（一九五五年）や『猫と庄造と二人のをんな』（一九五六年）などで映画作家として確固たる評価を確立した時期とも重なり、豊田作品に芥川や團の音楽がどのような影響を及ぼしているのかを分析することは、映画学の面においても音楽学の面においても有益であると考えられる。

第二節『猫と庄造と二人のをんな』
――映像に同期し、物語をコントロールする音楽

はじめに、一九五六年一〇月九日公開の『猫と庄造と二人のをんな』を取り上げる。本作は谷崎潤一郎（一八八六―一九六五年）の同名小説を映画化したもので、兵庫県の芦屋近辺を舞台に、愛猫リリーを溺愛する主人公・庄造（森繁久彌）と、その先妻・品子（山田五十鈴）、後妻・福子（香川京子）、母・おりん（浪花千栄子）らの間で繰り広げられる奇妙な人間関係が描かれる。

本作の音楽設計上の特徴としてまず挙げられる点は、音楽が映像に同期して、あたか

も効果音のように用いられていることである。たとえば、物語の冒頭で庄造が福子の許を訪れる場面で、庄造が発する「こんにちは」という台詞に応じるように、D-E-D-H-Cisの五音が木管楽器のファゴットによって奏でられる(0:16:50-0:16:52)[*53]。ファゴットは画面内あるいは物語内に見いだせる音源ではなく、この音は画面外あるいは物語世界外から付せられる効果音に近いといえる。この場面における芥川の音楽設計の秀逸さは、単に音数を言葉に合わせたという点にとどまらない。この五音からなる音型――ここでは便宜的に「こんにちは音型」と呼ぶ――を楽譜上で見てみよう(譜例Ⅳ-1)。

五音の動きに注目してみると、一~二音目(D-E)と四~五音目(H-Cis)が上行音型、三~四音目(D-H)が下行音型であり、二音目(E)の音高がもっとも高いことがわかる。一見したところ、この音型は「こんにちは」という台詞を模倣したものとしてはいくぶんデコボコしたもののようにも思われる。しかしここで思い出すべきは、この物語の舞台が兵庫県であり、登場人物が関西方言を話すということである。標準語では、「こんにちは」という言葉は後半の「に」「ち」「は」が等しい強さで発音されるが、関西方言ではふたつ目の「ん」と五つ目の「は」に強勢が置かれる。それを念頭に置けば、「こんにちは音型」のデコボコとした違和感はたちまち解消される。芥川が「こんにちは音型」において模倣しているのは、標準語で発せられる「こんにちは」ではなく、庄造が関西アクセントで発する「こんにちは」であり、一見デコボコに思える「こんにちは音型」は、関西アクセントをきわめて忠実に模倣した構造を持っているのである。さらに、芥川の

53 本章執筆にあたり参考にした映画作品のうち、『猫と庄造と二人のをんな』は二〇〇五年頃、『花のれん』は二〇二四年に行われたBS日本映画専門チャンネルの放送録画である(二作品とも現在まで未DVD化)。そのため、二作品の時間表記は、あくまでも参考にした放送録画DVDの再生時間を示したものであり、必ずしも映画本篇の位置を正確に表すものではない。

巧緻な音楽設計はそれだけに留まらない。「こんにちは音型」を核として音楽モティーフが紡がれてゆくことで、単なる効果音的用法だった「こんにちは音型」が、このシークェンスに推進力を持たせる伴奏音楽へと変化していくのである（譜例Ⅳ-2）。

　物語内容との精密な同期を図るモティーフが設定される一方で、画面との精密な同期が重要視されないライトモティーフ的な音楽も同時に設定されているという点も、本作の音楽設計の特徴として挙げられる。その最たる例が、リリーに付される音楽である。《リリーのワルツ》とでもいえそうな、この緩やかで気だるいワルツは、リリーが画面に現れるときのみならず、庄造たちがリリーのことを話題にする場面においても演奏され、リリーのライトモティーフとして扱われて

譜例Ⅳ-1 「こんにちは音型」

譜例Ⅳ-2 「こんにちは音型」から派生したモティーフ（0:16:51-0:17:05）
網かけで示した部分に「こんにちは音型」が現れる。

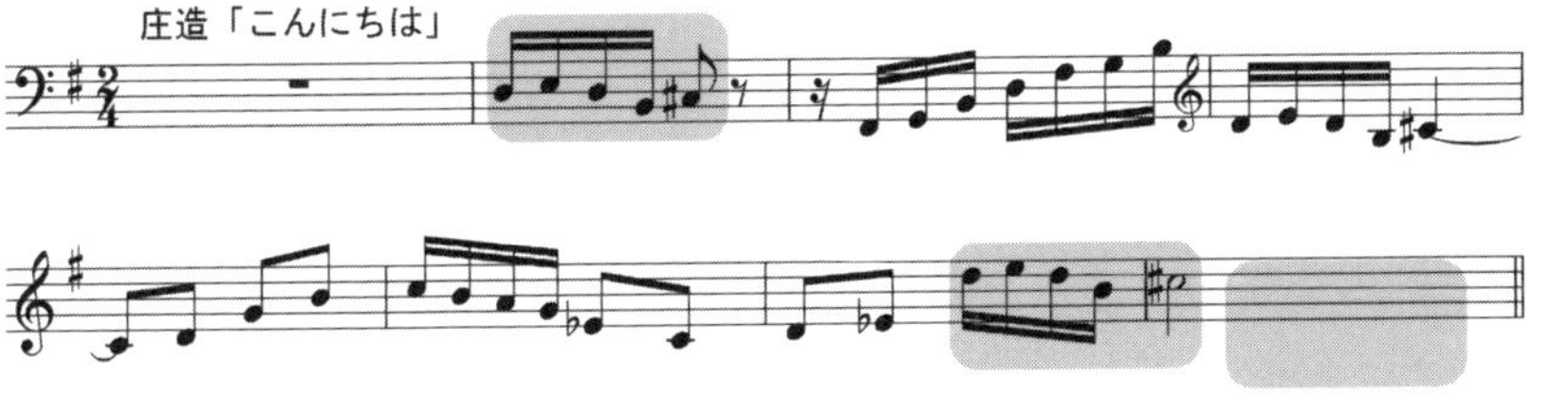

いることは明白である。何がしかの音楽モティーフを設定し、それを映画内で繰り返し用いて強調する音楽設計はII期の芥川映画音楽において特に顕著となる手法であり、その点でこの処理はII期以降の芥川映画音楽の特徴を先取りしているともいえるだろう。

本作の音楽設計でさらに興味深い点は、劇中の登場人物が本来は物語世界外から付せられているため聴取しえないはずの音（楽）に反応するような振る舞いを見せることで、劇的状況が音楽の働きによって醸成され、音楽が物語全体をコントロールする位置にあることを強調するかのような場面が存在することである。たとえば、愛猫リリーを品子へ譲る決心がつかない庄造を福子がなじる場面で、福子が「ほんまにあんたの悪い癖や、厭《いや》なら厭てはっきり言うのでもなし、瓢箪鯰《ひょうたんなまず》に受け流しといて、土壇場きたらヒュッと寝返んのや」と言う（図IV-1）のに続いて、庄造が寝返りを打つ。その動きに合わせて、ファゴットによって上昇音階が奏でられる。一見したところ、この音は先に挙げた効果音的用法の例に当てはまるように思える。しかし、上昇音階にはそれ以外の機能も付されていると考えられる。音が発せられると、まるでその音に反応したかのように、福子はすかさず庄造のほうを向いて（図IV-2）、「ほんまに寝返ったらあかんがな」という台詞を発する。「寝返りの音」によって、映画を観ている観客が庄造の寝返りを意識させられるだけでなく、画面上の登場人物である福子も、庄造が寝返りを打ったことに気づいたかのような振る舞いを見せるのである。

あるいは、庄造が品子のもとへ行くリリーと別れる場面で、《リリーのワルツ》が背景音楽として奏でられる（1:23:13-1:24:18）。リリーを文字通り猫かわいがりする庄造

図Ⅳ-1 『猫と庄造と二人のをんな』
1:14:28

図Ⅳ-2 『猫と庄造と二人のをんな』
1:14:33

図Ⅳ-3 『猫と庄造と二人のをんな』
1:23:18

図Ⅳ-4 『猫と庄造と二人のをんな』
1:23：23

図Ⅳ-5 『猫と庄造と二人のをんな』
1:23:35

を傍で見ていた木下（芦乃家雁玉）は、「うわぁ、えらい愁嘆場《しゅうたんば》や」と呆れかえる（図Ⅳ-4）。木下の台詞はリリーとの別れを惜しむ庄造のショット（図Ⅳ-3および5）に割って入るように挿入されたショットにおいて発せられ、先ほどの「寝返りの音」の例と同じく、庄造のアクションにすぐさま反応するように示される。

シークェンスにぴったりと合わさるように演奏される《リリーのワルツ》は、語義通りの「愁嘆場」にはおよそ似つかわしくない甘美な音楽であり、木下の皮肉を強調する。このようにして、《リリーのワルツ》は伴奏音楽として観客が作品を鑑賞している空間を満たすだけではなく、あたかも庄造たちがいる物語空間（あるいは木下の頭の中さえ）も満たしているように観客に感じさせるのである。

また、物語世界内で用いられる音楽的要素にも気を配る必要がある。谷崎潤一郎が『猫と庄造と二人のをんな』を刊行したのは一九三六（昭和一一）年だが、それからちょうど二〇年後に映像化された本作は、舞台を公開時と同時代に設定し直して描かれている。作品の同時代性を担保するのが、香川京子演じる福子の人物造形である。庄造の後妻として尾山家にやってきた彼女は、「オッケーや！」が口癖で、溢れる若さをいつも持て余している。そんなアプレ娘の福子は、ある楽曲を劇中で頻繁に口ずさむ。イタリア映画『河の女』（マリオ・ソルダーティ監督、一九五四年）の主題歌《マンボ・バカン》である。当然ながら、この楽曲は原作が小説発表された二〇年前には存在していない。そして『河の女』で主役を演じたソフィア・ローレンによって歌われたこの楽曲は、『猫と庄造と二人のをんな』と同じ年に公開された『ロマンス娘』（杉江敏男監督）においいても雪村いづみによって歌われるなど、広く人口に膾炙していた。映画が封切られた当時の日本は一大マンボ・ブームのさなかにあり、[*54] 輪島裕介によれば、「マンボ・ブームは、音楽によって特徴づけられた流行現象が、とりわけ『若者』の逸脱行動と結びつけられてモラルパニックを惹き起こした」（輪島、八七頁）。つまり、マンボは一九五〇年代半ばから後半にかけての無軌道な若者の象徴として広く受け取られており、福子が映画内で頻繁に《マンボ・バカン》を歌うことで、多言を弄せずとも彼女がそのような人間であるということを実に効果的に観客に指し示すことになるのである。

以上のように本作においては、音楽は基本的には物語世界外に位置づけられる一方で、登場人物が時折その音楽に反応するような振る舞いを見せることで、あたかも物語世界内の音楽のようにも機能するという特徴がある。音楽は画面に同期するに留まらず、物語世界をコントロールする重要な位置を占めることとなる。同時に、ところどころにテーマ音楽然とした音楽設計も見いだせ、II期以降の芥川映画音楽との繋がりが見られる点も重要である。また、作品に公開当時の同時代性を持たせるためにも音楽的要素が用いられており、本作において音楽が重要な位置を占めていることには疑いの余地がない。

54 このブームが爆発的流行をみたのは、一九五五年に公開された映画『海底の黄金』（ジョン・スタージェス監督）のヒットが発端であったことを付言しておく。映画では「マンボ王」ペレス・プラードが《セレソ・ローサ》を披露し、プラードは翌一九五六年に来日を果たした（輪島、七三頁）。

第三節　『花のれん』――既存の映画音楽からの流用、物語世界を象徴する音の顕現

芥川が映画音楽において演奏会作品以上に頻繁に音楽モティーフの流用を行ったことは前述の通りであるが、『花のれん』（一九五九年一月二七日公開）においては、芥川が特に好んで流用したモティーフが登場する。それが、芥川の映像音楽作品中もっとも高い知名度を誇るＮＨＫ大河ドラマ『赤穂浪士』のテーマ音楽（譜例は七二頁の譜例Ⅲ－1を参照のこと）である。

一九六四年一月から一二月にかけて放映された同作は、映画・歌舞伎・新劇・歌謡界のスターたちがこぞって出演したことで広く人気を集め、それに伴って芥川が手がけたテーマ音楽《赤穂浪士のテーマ》も『ＮＨＫ』誌の『赤穂浪士』特集（一九六四年六月一五日号）で解説が加えられたり、ピアノ独奏用に編曲された楽譜が掲載されたりするなど、放送当時視聴者の高い関心を得ていたことがうかがえる。

完成版の、すなわち『赤穂浪士』で耳にすることができる《赤穂浪士のテーマ》には四つの大きな音楽的特徴が挙げられる。すなわち、(一) ゆるやかな舞曲風の曲想、(二) 楽曲冒頭のティンパニが奏でるH－E－A－F－Aという特徴的な音型、(三) 五度圏[*55]を中心とした調号が漸増する転調、(四) 楽曲を通じて絶えず打ちこまれるむちの音色、である。とりわけ、(四) に関しては「リズムの中にきびしい冷たさを表現するのに成功

55「ある音から完全五度ずつ上昇または下降してゆくと、途中で異名同音的転換を含みながら、十二音全部を一巡する。これを円形グラフに記したものをいう」（『新編　音楽中辞典』二三八）。一二一頁の図Ⅳ－12も参照のこと。

した」（『ＮＨＫ』一九六四年六月一五日号、頁数なし）、「板鞭《ママ》の効果のきいたあのテーマ音楽は、仇討ちという人間行為のもつストイックなイメージを実に的確に現している点では、ドラマ自体の内容よりも上かもしれない」（『週刊ＴＶガイド』一九六四年一二月一八日号、四六頁）といった具合に、物語の厳しさをむちの音色に託したことが高く評価されていた。これらの特徴は《赤穂浪士のテーマ》以外の芥川の映像音楽と密接な関係性を持っており、（一）は『地獄門』『地獄変』『武蔵坊弁慶』、（二）は『地獄変』、（三）は『地獄門』『地獄変』『武蔵坊弁慶』、（四）は『地獄変』『武蔵坊弁慶』といった諸作品との影響関係がうかがえる（詳細は第三章を参照のこと）。

また《赤穂浪士のテーマ》が、『赤穂浪士』の九年前に製作された『たけくらべ』（五所平之助監督、一九五五年）のテーマ音楽を流用したものであることは、前章で述べた通りである。それだけでなく、この音楽モティーフは『たけくらべ』のテーマ音楽として用いられてから《赤穂浪士のテーマ》として登場するまでに合計四度、芥川が音楽を手がけた異なる映像作品において現れることは、前章で述べた通りである（表Ⅳ-１）。

『たけくらべ』のテーマ音楽はいかにして《赤穂浪士のテーマ》へと変容していったのであろうか。『たけくらべ』と『赤穂浪士』の音楽を比較してみると、冒頭でティンパニが奏でるＨ-Ｅ-Ａ-Ｆ-Ａの音型とそれに続く旋律はまったく同じであるが、打楽器の用法に顕著な違いがある。すなわち、《赤穂浪士のテーマ》において聴く者に深い印象を与えるむちの音が、『たけくらべ』においては現れないのである。

『赤穂浪士』のテーマ音楽を象徴するむちの音は、しばしばストーリーと関連づけら

表Ⅳ-1　《赤穂浪士のテーマ》登場作品一覧

作品名	公開／放送年月日	監督／演出	製作(配給)会社
たけくらべ	1955年8月28日	五所平之助	新芸術プロ(新東宝)
花のれん	1959年1月27日	豊田四郎	宝塚映画(東宝)
ぼんち	1960年4月13日	市川崑	大映京都
赤穂浪士	1964年1月5-12月27日	井上博	NHK

れて言及される。つまり、このむちの音が「浪士たちが直面する討入りの厳しさ」を表しているというのである。ただ、芥川本人が『赤穂浪士』のむちの音について何らかのコメントを残していることが確認できず、一定の留保が必要である。

そして、『たけくらべ』から『赤穂浪士』への変容を読み解くにあたって、《赤穂浪士のテーマ》が二度目に登場した『花のれん』の音楽が重要な手がかりとなるだろう。なぜなら芥川は同作においても『たけくらべ』のメイン・テーマを流用しており、しかもその音楽は『たけくらべ』と『赤穂浪士』の中間的性質を示しているからである。『たけくらべ』のテーマ音楽には、《赤穂浪士のテーマ》のむちのような一定間隔のリズムを刻む楽器は用いられない。一方『花のれん』では、《赤穂浪士のテーマ》と同じ旋律にウッドブロックが加えられているという違いがある。

『花のれん』において、《赤穂浪士のテーマ》の旋律はふたつの場面に付されている。ひとつ目は物語前半、寄席を営む夫・吉三郎（森繁久彌）に先立たれた主人公・多加（淡島千景）が寄席経営に奔走し、法善寺の水掛不動に参拝する噺家たちを捕まえて出演を頼む場面（0:48:00-0:50:20）である。そしてふたつ目は物語終盤、焼け野原となった大阪の街を彷徨した末、水掛不動に辿りついた多加が息子の恋人・京子（司葉子）らと出会い、再起を誓いあう場面（2:11:00-end）である。

ウッドブロックの響きが『花のれん』全体の音楽設計（あるいは音響設計）において重要な役割を担っていることは明らかである。すなわち、物語の主人公である多加に何らかの試練（およびそれに伴う心情的変化）が起こったときに、きまってウッドブロックの響きが加えられるのである。たとえば、ふと発した冗談から多加が寄席の経営を思いつく場面（0:17:42-0:18:55）や、寄席の経営が軌道に乗り、生来の怠け癖が出始めた吉三郎が妾宅に通い詰めた挙句に急逝し、多加がそこに駆け付ける場面（0:37:00-0:40:10）がそれに該当する。また、《赤穂浪士のテーマ》の旋律が流用された前述の二場面についても、前者は夫亡き後寄席をつぶすまいと躍起になる多加の奮闘を描き、後者も、これまで築き上げてきた財産を空襲で焼き尽くされるという絶望の底から立ち上がろうとする様子を描いている。『花のれん』におけるウッドブロックの響きは、寄席経営ひいては上方の興行界全体の命運を一手に引き受けて奮闘する多加の生きざまそのものを象徴する響きといってもいいだろう。「物語を象徴する音」を設定するというこの技法は、『赤穂浪士』におけるむちの音として引き継がれていくのである。

《赤穂浪士のテーマ》を象徴するむちの音の使用についても、『花のれん』が参考になるだろう。《赤穂浪士のテーマ》のむちの音については、前述した通りしばしばストーリーと関連づけられて言及される。ここで留意すべき点は、芥川がむちを音楽に取り入れたのは『赤穂浪士』がはじめてではない、ということである。それ自体はたとえば『地獄門』のテーマ音楽にも用いられているし、そもそも芥川本人が『赤穂浪士』の音楽におけるむちの使用について何らかのコメントを残したかどうかがはっきりと確認できない。[*56] むちの音が討入りの厳しさを象徴しているという見方は、広く通説となっているものの、一定の留保が必要であるとも考えられる。しかしながら、上に挙げた『花のれん』におけるウッドブロックの物語的機能に鑑みれば、《赤穂浪士のテーマ》のむちの音に

56 芥川本人が『赤穂浪士』におけるむちの使用について直接言及していることが確認できる文献は発見できないものの、大原誠は芥川が「リズムの中に厳しい冷たさを表現する為、ムチ《ママ》のような音を入れたい、それで仇討ちの厳しさを象徴したいと注文を出した」（大原、二頁）と記している。

同様の機能を見いだすことは自然な成り行きであろう。さらに興味深いことに、『花のれん』においてもむちの音が重要な役割を担っている場面を見いだすことができ、むちの音の用法について『花のれん』と『赤穂浪士』の間に繋がりが指摘できる。

当該シークェンスの概略は以下の通りである。多加が好意を寄せていた市会議員・伊藤（佐分利信）が自殺した。遺体写真が新聞に掲載されることがいたたまれなくなった多加は、写真を三千円という大金で買い取り、そのことを知った番頭のガマ口（花菱アチャコ）になじられる。彼はこれまで隠してきた多加への恋心を告白しかけるものの思いとどまり、多加のいる部屋を飛び出す。部屋を出たガマ口は広間にかかっている吉三郎の遺影を目にして我に返り、多加への思いが所詮叶わぬものだと諦める（1:44:20-1:45:20）。

このシークェンスにおいて、むちの音は四回鳴らされる。ガマ口が画面右手から番台に向かって進み、背を向けたその姿に、一回目が被さる（図Ⅳ-6）。まるでむちの音に気がついたようにガマ口がくるりと正面に振り返る。振り向いて何かを見てハッとするガマ口のショットに二回目が挿入される（図Ⅳ-7）。その音はあたかもガマ口が何かに気づいてショックを受けているかのように響く。さらにカットが入り、吉三郎の遺影を仰ぎ見るガマ口の視線ショットに移る。遺影に被さるように三回目が挿入される（図Ⅳ-8）。遺影を見て我に返った瞬間、四回目が挿入される（図Ⅳ-9）。ガマ口は、むちの音が鳴ると同時に口元に手を持って行き、諦めきった口調で「すんまへん、わしはただの番頭や……弁慶や……弁慶でございますがな……」と口にしてシークェンスが終わる。

図Ⅳ-6 『花のれん』1:44:55

図Ⅳ-7 『花のれん』1:44:58

図Ⅳ-8 『花のれん』1:45:00

図Ⅳ-9 『花のれん』1:45:03

四つのむちの音の中でも、四回目は特に重要である。すなわち、このむちの音を聞き、ガマ口は多加への恋心が身の丈に合わない叶わぬものであるということを、まるで吉三郎の遺影からビンタを受けたかのようなカット割りとむちの音によって悟るのである。

以上から、少なくともこのシークェンスにおいて、むちの音にガマ口の多加への恋心を打ち砕く峻厳さが付与されていることが見て取れる。『花のれん』の本篇中、むちの音が聞こえるのは唯一このシークェンスのみであることからも、いかにむちの音の扱いが慎重かつ綿密に行われているかがうかがえる。『花のれん』におけるむちの音に対するこのような綿密な演出に鑑みるならば、芥川が《赤穂浪士のテーマ》においてむちの音を用いたことは必然的な流れであったといえる。《赤穂浪士のテーマ》のむちの音の評価については不確かな部分が残るものの、『花のれん』における用法は、それを補って余りある説得力を持つ。[*57]

なお、『ぼんち』における《赤穂浪士のテーマ》の流用は、演奏時間が大変短いことと、対旋律が強調されている以外は『花のれん』における流用例の域を逸脱しておらず、流用を言及するに留めておく。

このように、『たけくらべ』から『赤穂浪士』に至る四つの引用例を注意深く分析してみると、『たけくらべ』のテーマ音楽から幾度かのブラッシュ・アップを経て《赤穂浪士のテーマ》として完成されていることが見て取れるのである。そして、《赤穂浪士のテーマ》をむちの音色で「観客に残る」テーマ音楽へと仕立て上げた芥川の映画音楽語法は、『赤穂浪士』以降の作品でさらに洗練されていくこととなる。

57 なお、『花のれん』公開の約一〇か月半前に公開された『螢火』(五所平之助監督、一九五八年三月一八日公開)では、姑(三好栄子)から苛烈ないびりを受ける主人公・登勢(淡島千景)の姿にむちの音が被さる場面が確認できる(0:16:46-0:16:57およびび0:20:57-0:21:11)。ただし、ここで使われているむちは『花のれん』『赤穂浪士』等で使われる板むち(パチパチといった音がする)ではなく革むち(ヒュッという音がする)である。

第四節　『地獄変』――映画音楽語法の洗練（テーマ音楽の強調）

一九六九年九月二〇日に公開された『地獄変』は、芥川龍之介の同名小説の映画化であり、その音楽を原作者の三男である芥川が手がけたことは、公開時大々的に宣伝された。劇場関係者向けに発行された『劇場宣伝心得帖』においては、「宣伝ポイント」のひとつとして「父龍之介に挑戦した芥川也寸志の名曲」が挙げられている（劇場宣伝心得帖、三頁）だけでなく、劇場用パンフレットには、「父に音で挑戦する芥川也寸志」と銘打った特集記事が組まれ、さらにはサウンドトラック盤の発売告知までも記されている（『地獄変』パンフレット、頁数なし）。また、劇場予告篇においても「豊田四郎監督作品」というクレジットの下に「芥川也寸志　音楽」と書かれ（図IV-10）、原作者の実子である芥川がこの映画に携わっていることが強調されている。さらに映画本篇のオープニング・クレジットでは、音楽関連の情報が一枚のタイトル・カードを占有する。そこでは、「音楽　芥川也寸志」「演奏　東京交響楽団」「指揮　芥川也寸志」「サウンド・トラック盤　CBSソニー・レコード」が示される（図IV-11）。このように、芥川の音楽を異例なまでに強調した宣伝は、『地獄変』の音楽設計とも密接に関わっていると考えられる。すなわち、本作の音楽設計は、先に分析した二作品と比較して、テーマ音楽を強調することに重きが置かれていることが見て取れるからである。

『地獄変』の音楽は、大きく分けて二種類ある。ひとつは明確な旋律を持ち、物語上で何らかの役割を担うべく作曲された「テーマ音楽」としての楽曲、もうひとつは明確な旋律線を持たず混沌とした響きを持つ楽曲であり、このふたつが本作の音楽設計の大

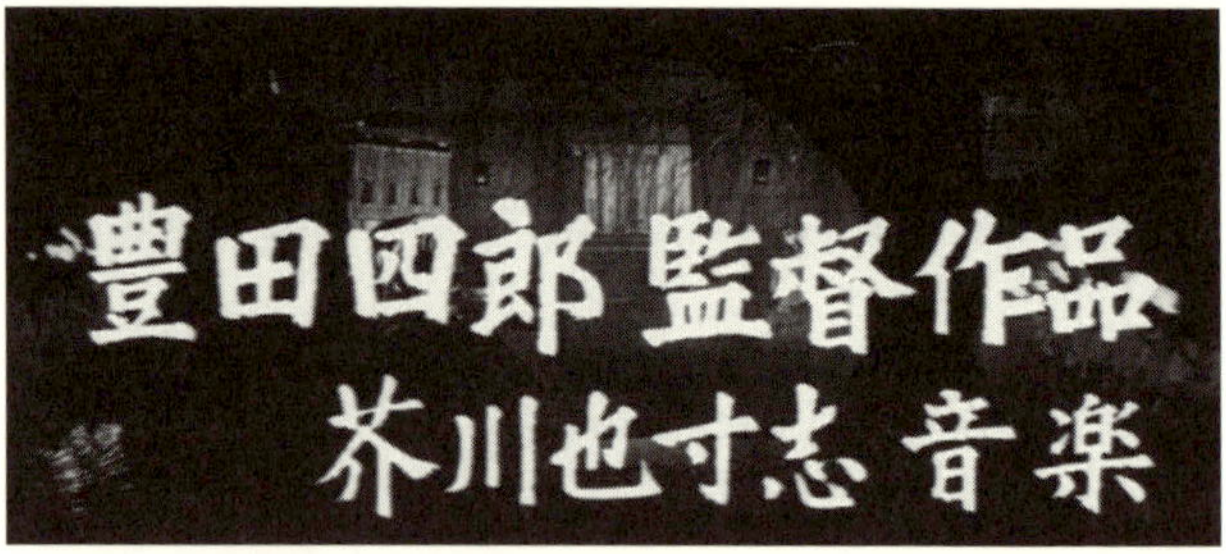

図Ⅳ-10 『地獄変』予告篇 0:01:40

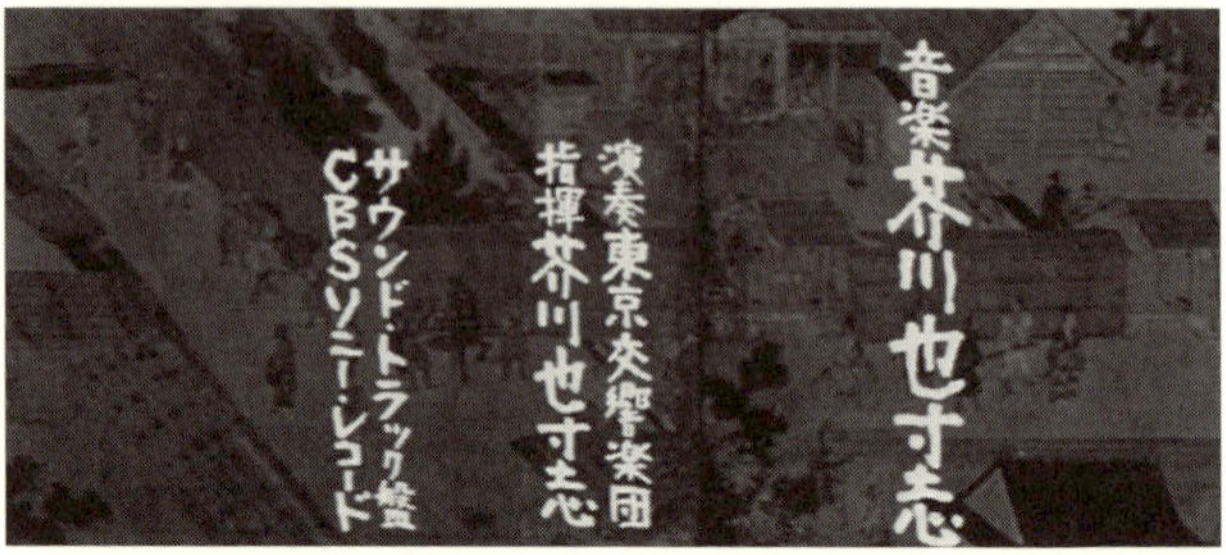

図Ⅳ-11 『地獄変』0:00:55

きな特徴である。小林淳はこのような音楽設計を「無調と有調の対話」と称し、芥川が《エローラ交響曲》（一九五八年）や《チェロとオーケストラのためのコンチェルト・オスティナート》（一九六九年）といった演奏会用作品でも好んで採り入れた手法であると指摘している（小林、一一六―一一七頁）。『地獄変』に現れる楽曲の中で、特に前者に分類できるものは三つある。ひとつ目はオープニングで流れるメイン・タイトル、ふたつ目はオープニングに続く花見の宴の場面（0:02:06-0:03:35）で奏される舞楽調の楽曲、そして三つ目は娘・良香（内藤洋子）が乗り込んだ牛車に火をかけられて悶え苦しみながら焼け死んでいく様子を主人公・良秀（仲代達矢）が眺める場面（1:23:10-1:25:25）に付される穏やかなレクイエム的楽曲の《祈りのテーマ》である。これら三つが公開当時オリジナル・サウンドトラック盤で発売されている[*58]だけでなく、オープニング・クレジットにおいてもレコードの発売が明記されているという事実にも、これらをテーマ音楽として主張しようという意図がうかがえる。『地獄変』で現れる三つのモティーフの中でも、オープニング・クレジットの楽曲は、冒頭で奏されたのちも篠笛によって吹かれて抒情的な雰囲気を醸し出したり（0:11:30-0:12:20）、スネア・ドラムの刻みを加えてボレロ風に演奏されたり（0:52:00-0:53:30）、あるいはオープニングとほぼ同じ形で物語終盤（1:31:30-end）に再登場するなど、全体を貫くメイン・テーマ的な役割を担っており、『地獄変』の音楽においてもっとも重要な楽曲となっている。

ある音楽モティーフを徹底的に使い回すという手法は、芥川の初期の演奏会用作品にも見いだせる。たとえば《交響三章》（一九四八年）のフィナーレでは、三つの主題が

58 サウンドトラック盤において、これらの楽曲にはそれぞれ〈地獄変〉〈桜会の舞曲〉〈祈り〉というタイトルが付けられている。なお、当時発売されたレコードは『地獄変　東宝映画サウンド・トラック』（SONB76007、CBSソニー、一九六九年）。

変則的なロンド形式の中で幾度も繰り返され、最後には「あまりに執拗なオスティナートのせいで暴力性さえ帯び、ついには陶酔的熱狂に到達」（片山二〇〇四、一〇頁）する。『地獄変』のメイン・テーマにおいても、その手法は遺憾なく発揮されている。しかし一方で、同作においてテーマ音楽のオスティナート的用法はより熟練した音楽語法によって支えられていることも指摘できる。

『地獄変』のオープニングにおいて、東宝マークを背景にしたホルン・ソロの序奏のあと、三回鳴らされるむちの音に続いてティンパニが特徴的な音型を奏でる。このH-E-A-F-Aの音型は、《赤穂浪士のテーマ》冒頭部と一致する。ここで注目すべきは、打楽器の多様さである。《赤穂浪士のテーマ》において特徴的であったむちを用いつつ、そこにさらにクラベス（一対の細長い木を打ち鳴らしてリズムを刻む楽器）と推定される打楽器を組み合わせることにより、むちだけであった《赤穂浪士のテーマ》に比べてより立体的なリズム処理を生み出している（譜例Ⅳ-3aおよびⅣ-3b）。先行する映像音楽からの流れを確かに受け継ぎながらも、より熟練した音楽語法が用いられていることが見て取れる。

さらに、楽曲における転調の手法に注目すれば、《赤穂浪士の

（左）譜例Ⅳ-3a 《赤穂浪士のテーマ》、むちのリズムパターン
（右）譜例Ⅳ-3b 『地獄変』テーマ音楽のリズムパターン（上・クラベス、下・むち）

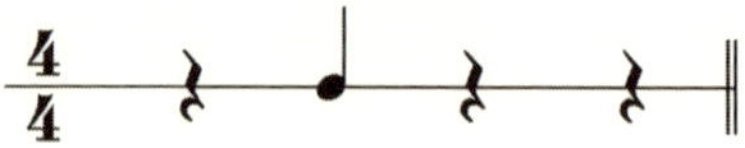
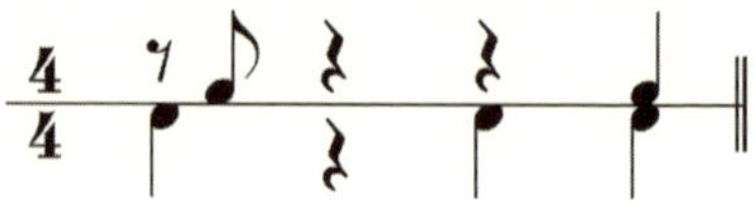

テーマ》とは異なる音楽語法が用いられていることもわかる。《赤穂浪士のテーマ》も『地獄変』のテーマ音楽も、フレーズの繰り返しごとに五度圏の転調がなされている点は共通するが、《赤穂浪士のテーマ》はe-mollとh-mollの二調間を行き来するだけであるのに対し、『地獄変』のテーマはe-mollを起点としてフレーズを繰り返すごとに五度圏表（図Ⅳ-12）を右回りに進み調号が漸増していく。つまり、単なる繰り返しとは異なり、同じフレーズでも調号を少しずつ変化させていけば、音色の単調さが払拭され楽曲の雰囲気に変化を持たせることができるのだ。さらにそこへ音量的な変化を加えれば、クライマックスへと向かう長大なクレッシェンドを築くことが容易となる。

換言すれば、この手法は時間をかけたドラマティックな音楽演出を可能にする。『地獄変』においてこの効果が絶大な威力を発揮するのが、良秀が完成させた地獄絵図を見た堀川の大殿（中村錦之助）が、これまでの報いを受けるが如く業火に呑み込まれるエンディングである。本篇中で幾度も――文字通り「オスティナート」に――奏された音楽をこの場面においても用いることは、物語に則れば良秀の地獄絵図への執念を表すと解釈できるだろう。音楽を調

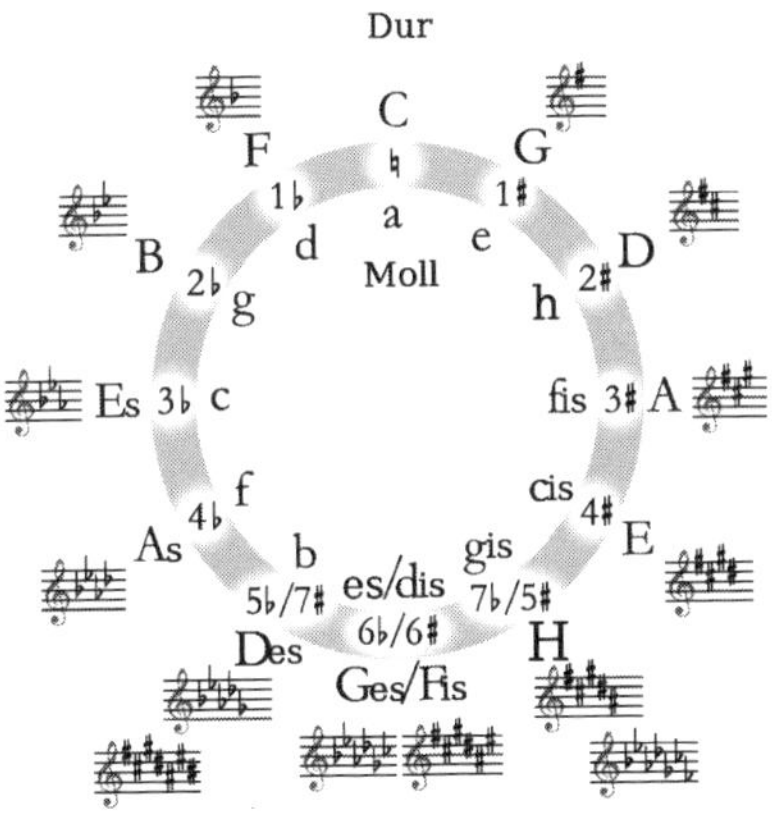

図Ⅳ-12　五度圏表　＊59

59　参考URL：https://upload.wikimedia.org/wikipedia/commons/a/a7/Circle_of_fifths_deluxe_4_de_s.svg

号の漸増する五度圏の転調によって絶えず変化させるとともに、クレッシェンドによって音量をも増加させるという卓抜な手法は、絶えず変相する地獄の業火によって大殿が地獄絵図の中に呑み込まれ地獄の底に叩き落とされるありさまを音楽面からも鮮やかに描き出すことに繋がっている。テーマ音楽が巧妙な音楽的仕掛けを通して物語世界と一体化するという、秀逸な音楽設計がここになされているのである。[*60]

ここで、『地獄変』の映画音楽と他の演奏会用作品との関係性についても触れておきたい。言うまでもなく『地獄変』は芥川の実父である芥川龍之介の小説が原作であるが、芥川は同時期に父の小説に基づく演奏会用作品も手がけており、[*61]「事ある毎に〈文豪の三男〉と紹介され、いい年をして、親父に手を引っぱられて歩いているような気恥《ママ》かしさに、やり切れなかった」（芥川一九八一、六〇頁）と告白した彼の創作史のうえで、父の芸術と対峙した稀有な時期であるといえるのである。

『地獄変』公開の前年である一九六八年に、芥川はＮＨＫの委嘱に応じて龍之介の小説『蜘蛛の糸』を原作とした舞踊組曲《蜘蛛の糸》を手がけた。作曲は同年初夏にはじめられ九月二五日に完成したが、完成直前の九月一一日に、芥川の実母・文が芥川の自宅で急逝するという事態が起こる。母が倒れたとき彼は《蜘蛛の糸》の四二ページ目を作曲中であったという（芥川眞澄、八頁）。母の急逝は芥川に暗い影を落とし、そこから立ち直るのには時間を要したことは、芥川本人がさまざまな文章で折に触れ綴っている（芥川一九八一、六一―六二頁など）。

父の小説をもとにした音楽の作曲中に最愛の母を失い、そしてそのほぼ一年後にまた

60 なお、映画の最後に長大な舞曲風の音楽を配するという手法は、『たけくらべ』『螢火』『わが愛』そして『猟銃』（一九六一年）など、芥川が五所平之助と組んだ作品でしばしば用いたものである。芥川が豊田四郎と組んだ作品でも、『猫と庄造と二人のをんな』や『花のれん』のラストに同じような処理が見いだせる。

61 本書で言及する以外に芥川が手がけた龍之介の小説を原作とした作品には、バレエ音楽《河童（Kappa）》（一九五一年）がある。

しても父の原作による映画の音楽を担当することになった芥川の心中は察するに余りあるものがある。創作初期（片山杜秀の分類に依拠すれば「第一期」）の代表作である《交響曲第一番》（一九五四年初演／一九五五年改訂）の第三楽章は「コラール（Chorale）」と題されているが、この沈痛な楽章が次兄・多加志をはじめとした数多の戦死者に捧げられたものであることが芥川本人によって語られている。[*62] そのことを踏まえると、芥川が『地獄変』で良香が焼死する場面に付した〈祈り〉は、亡くなった母への哀悼の意を表したものであるといってもあながち誤りではないと考えられ、『地獄変』の映画音楽は芥川の創作史ひいては作曲家の生涯のうえでも重要な作品のひとつと位置づけられるのである（なお、第五章では、さらに別の演奏会用作品と『地獄変』の関係を論じる）。

62　CD『芥川也寸志　作品集』（フォンテック、二〇一一年）、CD1・トラック9「自作と新響を語る」、09:38-09:47。

第五節　「テーマ音楽の強調」の先行形態としての「モティーフの流用」

ここまで芥川が手がけた三本の映画音楽を分析したが、第一節（一〇〇―一〇一頁参照）で引用した芥川の発言を裏づけるように、時代が下るにつれて「テーマ音楽」を強調する音楽設計が顕著になっていくことが確認できた。一方、『花のれん』の項で分析した通り、芥川は映画音楽においてモティーフの流用をおびただしく行っている。なぜ芥川は、同一音楽モティーフを二度のみならず四度も異なる作品に流用したのであろうか。

本節では、芥川がモティーフの流用を行った意図とその背景を考察し、芥川の映画音楽語法におけるモティーフの流用の重要性を明らかにしたい。

芥川がおびただしく行ったモティーフの流用から浮かび上がるものは何であろうか。まずひとつには、いわゆる「五社（六社）協定」下でスタジオ・システムが成立していた当時の日本映画の産業構造である。『煙突の見える場所』や『伴淳・森繁の糞尿譚』（野村芳太郎監督、一九五七年）の音楽録音時の挿話を面白おかしく綴った芥川の証言（芥川一九八一、八三―八四頁）や、日本映画界の音楽への無関心を憤懣やる方ない調子で嘆く團の証言（團一九五四、一三一―一三二頁）を引き合いに出すまでもなく、量産体制にあった当時の日本映画界においては、作曲のために与えられる時間はごく僅かなものであった。換言すれば、音楽モティーフを過去の作品から流用せざるを得ない製作環境、限られた時間の中で効率的に作曲するためには流用行為もやむなしとされる製作環境に、芥川をはじめとした映画音楽作曲家たちは置かれていたのである。加えて、《赤穂浪士のテーマ》の流用が確認できた各作品は製作ないし配給団体がそれぞれ異なっており、流用にあたってある種の「棲み分け」を芥川が意図していたということも考えられる（この点に関しては、第二章で論じた通りである）。

しかし、芥川がモティーフの流用を製作環境下の経済的制約ゆえにやむなく行っていた、と結論づけてしまうのは早計である。なぜならば、第三章で詳しく見た通り、『八つ墓村』の《落武者のテーマ》の例に代表されるような、一見無節操にさえ思えるモティーフの流用を芥川が何らかの美学的な意図のもとに展開していたと考えられる例が存在するからである。主題論的一貫性を担わせてモティーフを異なる映画作品に流用することも、広い意味では芥川が主張するところのテーマ音楽的音楽設計の実践に他ならない。

芥川が、テーマ音楽の強調という手法について映画音楽を手がけはじめた頃から興味を持っていたことは、当時の彼の発言からもうかがい知れる。彼がソ連に強い関心を持ち、一九五四年には国交回復前の同国を訪問し、ショスタコーヴィチやハチャトゥリアンといった作曲家たちとの面会を果たしたことはよく知られているが、「3人の会」のメンバーによる共著においても、ソヴィエト映画の音楽に高い評価を下しており、その主な理由はテーマ音楽の強調が顕著な音楽設計にあった（團／芥川／黛、六六頁）。

芥川がテーマ音楽の強調を模索する契機のひとつとして、第三章で指摘した五所平之助の「シグナル・ミュージック論」との関わりが挙げられる。五所は芥川に『欲』のエンディングで『煙突の見える場所』のテーマ音楽を使ってほしいと指示し、五所＝芥川コンビの強固な結びつきを音響面で示そうと試みた。もっとも、「私と芥川さんとのコンビが今後もつづくと思いますので、同じ曲をいつも使ってみようではないかということで使ったのです。その事の良し悪しは別として芥川節としてこれからも私の作品に出てくると思います」（水谷、一八三頁）という五所の言葉とは裏腹に、『煙突の見える場所』のテーマ音楽は『欲』以降の五所＝芥川作品でふたたび用いられることはなかった。*63 しかし、この途絶した「シグナル・ミュージック」のアイディアを芥川が受け継いで自身の映画音楽設計に応用した可能性は十分に考えられる。《赤穂浪士のテーマ》がはじめて登場した作品が、五所が監督した『たけくらべ』である事実に鑑みれば、芥川の映画

63 水谷憲司はこの音楽が『からたち日記』（五所平之助監督、一九五九年）の終盤、伊藤雄之助と高千穂ひづるが麦踏みをする場面にも用いられていると主張する（水谷、一八三頁）が、リズムパターンや和音に一部共通する部分があるものの、楽曲を特徴づける木管楽器による諧謔的な主旋律が抜け落ちており、同じ音楽を流用したものとは言い難い。なお水谷は《赤穂浪士のテーマ》が『螢火』にも現れると述べているが、こちらも同様に誤りである。この原因としては、水谷自身がおそらくそれほど音楽に明るくないこと（水谷の本職は高校の社会科教員であり、何らかの音楽教育を受けていたのかは不明）と、同書執筆当時（一九七七年）は現在のように諸作品へのアクセスが容易ではなかったことが挙げられる。

音楽の中で五所の存在とその与えた影響の大きさは言うまでもない。

さらに、芥川がテーマ音楽的な音楽設計を自身の映画音楽の理想として標榜しはじめた一九七〇年代という時期に注目してみると、創作活動の規模を縮小する一方でマスメディアへの出演、文筆活動、そして著作権運動への参画に活路を見いだしはじめた時期とも重なる。言うまでもなく、テーマ音楽の強調は作者たる作曲家の存在を聴衆にアピールしやすい音楽語法である。ソヴィエト映画等を通じて若い頃から興味を持ち続けていた映画音楽語法が、著作権運動の提唱者としての創作態度を示す必要性や、盟友・五所平之助の提唱した「シグナル・ミュージック」などと結びついた結果として、芥川は一九七〇年代に至ってテーマ音楽を強調するような音楽設計を理想とするようになったとはいえないだろうか。芥川映画音楽におけるモティーフの流用は、芥川がテーマ音楽的な音楽設計を表だって実践しはじめる時期に僅かに先行し、なおかつモティーフの流用が行われた作品相互間の主題論的一貫性も見いだせる。モティーフの流用を盛んに行っていた時期とは、実際には、芥川の映画音楽美学が「画面とちまちまっとうまく同居する」音楽からテーマ音楽の強調へと傾いていく揺籃期であり、映画音楽美学の成熟への道を切り拓いた時期であると言い換えられる。

芥川の音楽モティーフの流用には、映画作品の量産体制のもとにやむなく使い回しを行ったと推定できる場合と、芥川が美学的一貫性を担わせるべくあえて同一モティーフを複数の作品に流用した可能性が見いだせる場合が混在している。この事実は、映画音楽に対して愛憎半ばするような彼の微妙な立ち位置をそのまま反映している。すなわち、

「商業音楽というものも［……］やはり一生懸命にやりますよ」（「座談会　新しい作曲グループ『3人の会』の発言」、五七頁）と述べる一方で、「なあに、これはパンのしごとさ、割り切ってやれよ」（芥川一九六六、一一三頁）といった態度で映画音楽の仕事に携わってきたと告白してしまうのである。筆者はこの事実を否定的に捉えるわけではない。芥川が盛んに行ったモティーフの流用は、そのような面を含みおいてなお、制約が多いとされる映画音楽の製作現場において作曲家が強固な作家性を刻印し続けた稀有な例として非常に興味深い。また、「五社（六社）協定」等によって会社間の人的交流に関して制限があったとされるスタジオ・システム期の戦後日本映画において、作曲家がそこから自由な存在であったことは第二章で言及したが、その好例としても見るべきものがあるだろう。いずれにせよ、芥川の映画音楽におけるモティーフの流用は「使い回し」のひと言で簡単に片づけられるものではないことは、火を見るよりも明らかである。

第五章

芥川映像音楽作品論（III）特徴的な楽器の使用——チェンバロを中心に

芥川の音楽作品について、しばしば「軽快さ」「洒脱さ」が指摘される。彼が生涯を通じて好んで用いたオスティナートやリズムの快活さがその要因であることは言を俟たない。リズムの快活さは、その楽器選択の妙ゆえにもたらされるものだが、芥川の音楽作品を概観すれば、スネア・ドラム、むち、そしてチェンバロ[*64]といった諸楽器が好んで用いられている様子がうかがえる。中でもむちとチェンバロについては、日本の映画音楽史上もっとも早くそれを用いたと推定され、特筆に値する。芥川の映像音楽におけるむちの役割については、前章で述べただけでなく次章でも述べるため、本章では特にチェンバロに焦点を絞り、そのことについて詳しく述べることとする。

第一節　トーキー初期の映画音楽におけるチェンバロの響き

二〇世紀初頭に起こった古楽の復興運動は、当時の作曲家たちに古楽器へのまなざしを呼びおこした。とりわけチェンバロは、復興運動の中心人物であるピアノ／チェンバロ奏者のヴァンダ・ランドフスカ（一八七九―一九五九年）がフランスの楽器メーカーのプレイエル社に特別に製造させたモダン・チェンバロを用いてフランスを中心に大々的な演奏活動を行ったこともあり、多くの作曲家にとって創作の源泉となった。たとえば、マヌエル・デ・ファリャ（一八七六―一九四六年）は《ペドロ親方の人形芝居》（一

64　当該楽器はドイツ語ではチェンバロ(Cembalo)、イタリア語ではクラヴィチェンバロ(clavicembalo)、英語ではハープシコード(harpsichord)、フランス語ではクラヴサン(clavecin)とそれぞれ称されるが、本書では日本語の楽器名として一般的な「チェンバロ」の呼称を一貫して用いる。

九二三年）で現代オーケストラにはじめてチェンバロを取り入れ、その三年後にはチェンバロ独奏と室内オーケストラ（フルート、オーボエ、クラリネット、ヴァイオリン、チェロ）のための協奏曲を作曲した。同じくフランシス・プーランク（一八九九―一九六三年）もチェンバロのソロ・パートをもつ協奏的作品《田園のコンセール》を一九二八年に発表するなど、チェンバロを用いた新しい音楽作品が次々と生み出された。[*65]

そして映画界も、一九二〇年代後半のトーキー導入から音楽に対する重要性がより高まり、その潮流に少なからぬ影響を受けた。映画音楽におけるチェンバロの使用例としてもっとも早いものとして、一九三三年に公開された『ドン・キホーテ』（G・W・パプスト監督）が挙げられる（"Sound of Cinema: The Harpsichord and Film," 04:46-04:50）。[*66] セルバンテスの小説を映画化した同作は、主人公ドン・キホーテ役に二〇世紀を代表するバス歌手のフョードル・シャリアピン（一八七三―一九三八年）が扮し、音楽をジャック・イベール（一八九〇―一九六二年）が担当した。実は、音楽はイベールの他にもダリウス・ミヨー（一八九二―一九七四年）、モーリス・ラヴェル（一八七五―一九三七年）など当時の名だたる作曲家たちに同時に依頼されており、意図せず競作をさせられたうえに不採用となったラヴェルが映画の製作者を相手取って訴訟を起こしたことや、副産物として生まれた歌曲《ドゥルシネア姫に想いを寄せるドン・キホーテ》（一九三三年）が結果として彼の最後の作品となったという挿話によっても知られている。[*67]

この作品でチェンバロが現れるのは、突飛な行動で周りを困らせてばかりいるドン・キホーテを面白がった公爵がみずからの城に彼と従者のサンチョを招く場面の伴奏音楽

65 ここに挙げたいずれの作品も、ランドフスカのチェンバロによって初演が行われた。

66 これは英国放送協会のラジオ・チャンネルBBC Radio 3の古楽専門番組"Early Music Show"で放送された一エピソードである。以下、本書において当番組を引用する際はSound of Cinemaと略記する。

67 なお、本作はトーキー初期の作品ゆえ仏・英・独の各国語版がキャストを一部変えて製作された。筆者が分析にあたって参照したのはフランス語版である。

（0:52:12-0:52:56 および 0:54:54-0:56:03）と、城での晩餐会でドン・キホーテが披露する〈公爵の歌〉（0:56:48-0:58:38）においてである。伴奏音楽では、チェンバロ独奏の旋律に続くようにして弦楽器が〈公爵の歌〉の主旋律（ただし、旋律の音価は若干変化している）を奏でていく（譜例Ⅴ-1およびⅤ-2）。

映画の公開と時を同じくして、〈公爵の歌〉を含む劇中歌は《ドン・キホーテの四つの歌》としてレコード録音がなされている。[*68] レコードでは、シャリアピンの歌唱に先立ってチェンバロ独奏とオーケストラ伴奏による比較的長い前奏があり、譜例に示したモティーフがその中心をなしていることが確認できる。この前奏は《ドン・キホーテの四つの歌》の出版譜にはないもので、片面約四〜五分というSP盤の収録時間に合わせるべく、録音にあたって映画で使われたモティーフから発展させるようにして新たに追加されたものだと考えるのが妥当であろう。[*69]

この作品でチェンバロが用いられたのは、チェンバロがはじめて現代オーケストラに取り入れられた《ペドロ親方の人形芝居》の影響が大きいといえる。なぜならば、両者はどちらもドン・キホーテの物語から着想されたという共通点があるからである。物語において、時代遅れとみなされた騎士道精神に則る主人公の言動は人々の物笑いの種である。そして、主人公の時代錯誤を象徴するのがチェンバロの響きである。『ドン・キホーテ』の作曲者であるイベールが、同時期に同地域で活躍していたファリャの作品を通じて、チェンバロに対するある種のコノテーションを受け取ったことは想像に難くない。『ドン・キホーテ』の六年後に製作された『嵐が丘』（ウィリアム・ワイラー監督、一

68 初出レコード番号は英HMV・DA 1310（参考URL：https://www.marstonrecords.com/collections/singer/products/chaliapin）

69 なお、〈公爵の歌〉を出版譜に従い演奏した場合の演奏時間は二分弱である。

譜例Ｖ-1　『ドン・キホーテ』伴奏音楽（抜粋）

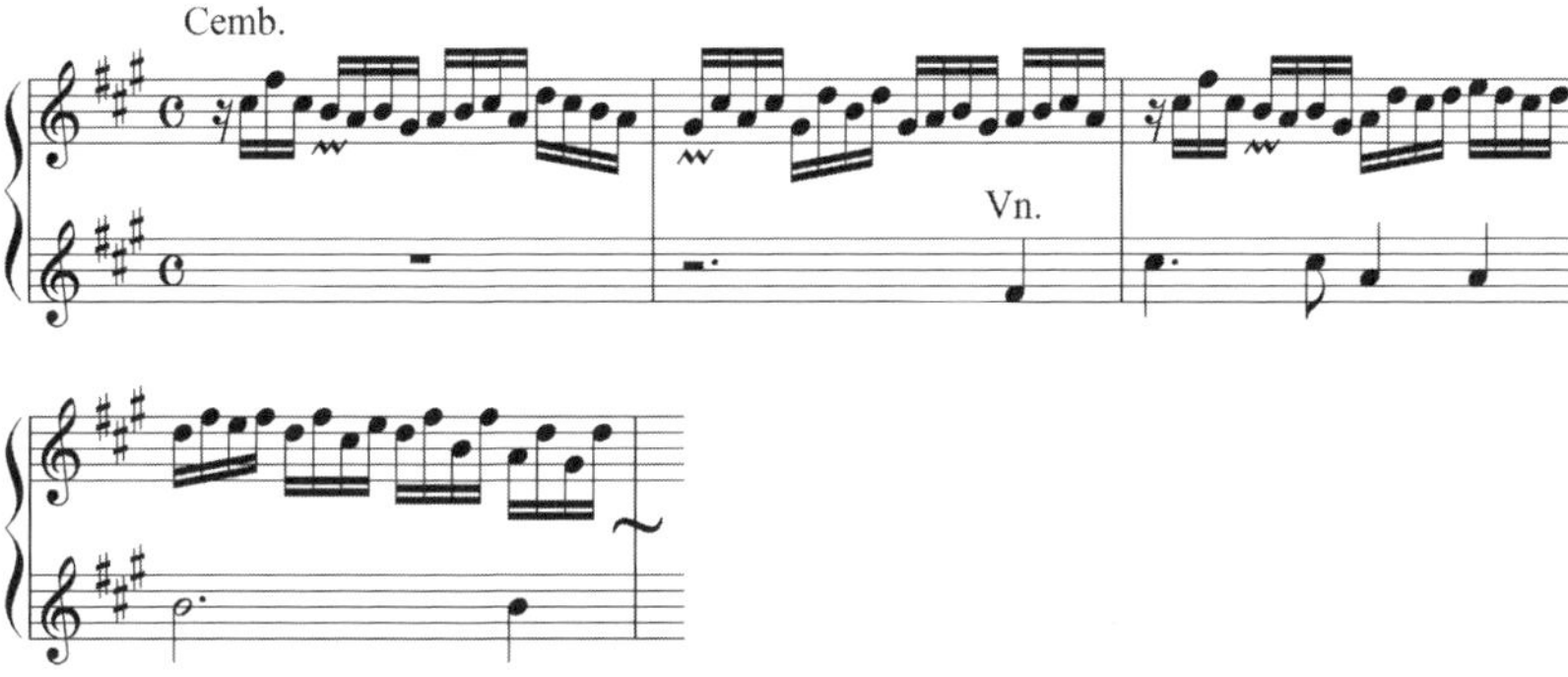

譜例Ｖ-2　《ドン・キホーテの四つの歌》より第3曲〈公爵の歌〉冒頭部

九三九年）も、初期の使用例として挙げられる。同作では、劇中にチェンバロそのものが登場することが特筆される。本篇一時間一一分過ぎ、邸宅で催された舞踏会でモーツアルトの《ピアノソナタ第一一番（K３３１）》の終楽章、通称〈トルコ行進曲〉が演奏される場面がそれである。場面の詳細は以下の通り。

　主人公キャシー（マール・オベロン）の義妹・イザベラ（ジェラルディン・フィッツジェラルド）がヒースクリフ（ローレンス・オリヴィエ）に「ハープシコードの演奏よ(Madam Ehlers is going to play the harpsichord.)」[*70]（1:11:12-1:11:13）と告げて、一緒に座って扇の下で手を握ってほしいと頼む（図V-1）。ヒースクリフはイザベラの隣に座ろうとするが、別の婦人がやってきたために席を譲り（図V-2）、イザベラの後ろに立つ。イザベラは隣に座った婦人に会釈こそするものの、企てがうまくいかず憮然とした表情を浮かべながら扇で顔を仰ぐ（図V-3）。離れた場所にキャシーも着席し、チェンバロの演奏がはじまる（図V-4）。チェンバロをセミロングで捉えていたキャメラが次第に演奏者のほうへクロースアップしていく（図V-5）。演奏が続く中、キャメラは一度チェンバロから離れ、広間を捉えたショット（図V-6）からヒースクリフ、キャシー、イザベラの視線のやり取り――ヒースクリフの視線に気づいたキャシーは困惑し、イザベラが好意ゆえに彼を呼び寄せたのだと悟る――が繰り広げられる（図V-7からV-13）。その後キャメラはふたたびチェンバロと演奏者を捉える（図V-14からV-16）。手許のクロースアップであり、演奏者の動く手の奥に見える蓋の部分に〝ＰＬＥＹＥＬ〟の文字が読み取れて、鍵盤が現代のピアノのそれとほとんど変わりがない様子がうかがえる。

70 この場面で演奏を披露する"Madam Ehlers"とは、実在のハープシコード奏者アリス・エーラーズ（一八八七―一九八一年）である。エーラーズはランドフスカの弟子で、アメリカを拠点として演奏・教育活動やレコード録音などで活躍した。（参考URL：https://www.bach-cantatas.com/Bio/Ehlers-Alice.htm）

図Ⅴ-1　『嵐が丘』1:11:13

図Ⅴ-2　『嵐が丘』1:11:33

図Ⅴ-3　『嵐が丘』1:11:38

図Ⅴ-4　『嵐が丘』1:11:46

図Ⅴ-5　『嵐が丘』1:12:00

図Ⅴ-6　『嵐が丘』1:12:05

図Ⅴ-7　『嵐が丘』1:12:35

図Ⅴ-8　『嵐が丘』1:12:43

図V-9 『嵐が丘』1:12:45

図V-10 『嵐が丘』1:12:50

図V-11 『嵐が丘』1:12:56

図V-12 『嵐が丘』1:12:59

図V-13 『嵐が丘』1:13:10

図V-14 『嵐が丘』1:13:11

図V-15 『嵐が丘』0:54:45

図V-16 『嵐が丘』0:54:54

つまり、ここで使われているのはランドフスカが作らせたプレイエル社製のモダン・チェンバロである。

この場面にはいくつかの奇妙な点がある。まず、モダン・チェンバロが用いられている点である。ランドフスカがモダン・チェンバロを用いてはじめて公開演奏を行ったのは一九一二年（本作公開の二七年前）であり、言うまでもなく、この楽器は物語の舞台である一九世紀には存在し得ない。さらには、この楽器は古楽器を忠実に復刻したものではなく、過去の楽器を参考にしつつ現代の演奏ニーズに合うべく改良を施したものであり、古楽演奏家でラジオ・パーソナリティのルーシー・スキーピングが「特別設計のオフロード４ＷＤハープシコード（specially designed 4x4 off-road heavy duty harpsichord）」(Sound of Cinema, 03:26-03:31) と評したように、従来のチェンバロとは異なる強大な音色を持つものだった。そして、物語の舞台である一九世紀にはすでにブロードウッドやシュタインといったピアノ業者が隆盛を極めており、チェンバロはピアノに取って代わられていた。すなわち、裕福な家庭であればピアノが備えられていてもおかしくはなく、チェンバロによる演奏は歴史的な正確さにおいてふさわしいとはいえないのである。実際に、本篇には当該の演奏場面に先立ってイザベラが邸宅内でスクエア・ピアノを演奏する場面も存在しており（図Ｖ-15およびＶ-16）、そのことが違和感を一層際立たせている。

リアリズムには明らかに即さないチェンバロをわざわざ用いる利点とは何であろうか。

スキーピングが指摘するように、第一にはピアノとは違って硬質なチェンバロの音色――モダン・チェンバロであればその特徴はさらに際立つ――が主人公キャシーとヒースクリフの葛藤を描き出すのに効果的であるということ、第二には、その音色が過ぎ去った時代の雰囲気を醸成しやすいということである（Sound of Cinema, 06:33-07:27）。ランドフスカがチェンバロの復興運動に乗り出した当時、チェンバロを用いた演奏は時代遅れなものとみなされており、彼女とその演奏に対して多くの否定的な意見が寄せられた（福田、一七六―一七七頁）。言うまでもなく『嵐が丘』は一九世紀の作家エミリー・ブロンテの同名小説の映画化であり、作品の舞台は映画が公開された一九三九年よりも一〇〇年近く前である。時代考証の観点からはそぐわないチェンバロの響きをあえて取り入れることで、物語が過去の時代に展開されていることを際立たせることが可能なのである。（映画版の）『嵐が丘』の物語自体が客人に「嵐が丘」の来歴を語って聞かせる召使いの回想として展開しており、この舞踏会の場面の時制自体が過去に属していることも、ここで思い出すべきだろう。チェンバロの響きに過去あるいはそこから想起されるイメージを担わせる手法は『ドン・キホーテ』『嵐が丘』以降も受け継がれていった。たとえば、アレックス・ノースが『スパルタカス』（スタンリー・キューブリック監督、一九六〇年）や『クレオパトラ』（ジョゼフ・L・マンキーウィッツ監督、一九六三年）といった歴史スペクタクル映画においてチェンバロを用いたことは、このことをわかりやすく示している。[71]

71 このほかにも、ベティ・デイヴィスが一九六四年に相次いで主演した『誰が私を殺したか？』（ポール・ヘンリード監督、アンドレ・プレヴィン作曲）や『ふるえて眠れ』（ロバート・アルドリッチ監督、フランク・デ・ヴォル作曲）の音楽にもチェンバロが用いられ、キャリア後期にさしかかったデイヴィスの容貌とも相まって、ある種のゴシックホラー的効果を醸し出す役割を担ってもいる。

第二節　日本におけるチェンバロ音楽の受容、芥川にとってのチェンバロ

翻って日本の状況はどうだろうか。光井安子によると、明治以降の日本の楽壇にチェンバロがもたらされる契機となったのは、一九四一（昭和一六）年にドイツのチェンバロ奏者エタ・ハーリヒ＝シュナイダー（一八九四—一九八六年）がナチスの文化使節として来日したことであり、日本人作曲家によってはじめて作られたチェンバロ作品は、倉知《くらち》緑郎《ろくろう》（一九一三—二〇〇一年）が一九四八（昭和二三）年に作曲した《トッカータの形式による小品》であると推定される（光井、五五頁）。そして、日本映画でチェンバロがはじめて用いられたのは、芥川也寸志が音楽を手がけた『自分の穴の中で』（内田吐夢監督、一九五五年）だと考えられる。

先に挙げた『嵐が丘』の例と同じように、わが国の映画でも、チェンバロの響きに過ぎ去った、あるいは現在進行形で過ぎ去っていく時間へのノスタルジアを仮託させた例はいくつか見いだすことができる。「3人の会」の作品を例にとっても、團は戦前を舞台とした文芸もの『新・夫婦善哉』（豊田四郎監督、一九六三年）の冒頭で朗々とチェンバロを響かせているし、黛は京都で造り酒屋を営む一家が家長の死によって解体していく様子を綴った『小早川家の秋』（小津安二郎監督、一九六一年）でさりげなくチェンバロを用いていることが挙げられる。[*72] ところが、日本映画でもっとも早くチェンバロ

72 チェンバロに加えて、日本映画では大正琴——楽器分類学的にはチェンバロと同じく撥弦楽器に分類できる——も、郷愁を惹起する音素材として用いられてきた。『男の紋章』（松尾昭典監督、一九六三年、鏑木創作曲）ならびにそのシリーズ作品や、『濹東綺譚』（豊田四郎監督、一九六〇年、團伊玖磨作曲）などがそれに該当する。大正琴は大正から昭和初期に隆盛を誇ったが、満州事変の頃から次第に下火になり、戦争の激化によって急速に廃れていった（金子［編］、一八頁）。戦後、古賀政男が《人生劇場》（一九五九年）を皮切りに歌謡曲に大正琴を取り入れたことは、人々のノスタルジックな関心をふたたびこの楽器に向かわせることとなった（金子［編］、二四頁）。

が用いられた『自分の穴の中で』では、そのようなノスタルジアは一切担わされていない。

その理由を考えるためには、芥川の音楽体験に関するあるエピソードをひも解く必要がある。終戦間もない頃、進駐軍向けに放送されていたラジオ番組を通じて、芥川は戦中に聴くことのできなかった海外の新しい音楽作品を数多く耳にした。それは当時の彼にとってまるで神の恩寵のように思え、ラジオにかじりつくようにして番組を貪り聴いたという（芥川一九八一、四四―四五頁）。進駐軍向け放送を通じて知った作品の中で特に印象に残っているものとして、彼はアレクサンデル・タンスマン（一八九七―一九八六年）の《トリプティーク》（『牧阿佐美バレエ団特別新作公演』、頁数なし）とフランク・マルタン（一八九〇―一九七四年）の《小協奏交響曲》を挙げている（芸術・行動、五〇頁）[*73]。前者は同じ楽器編成かつ同じ名前を持つ芥川の作品、すなわち芥川の《弦楽のための三楽章（トリプティーク）》（一九五三年）に深い影響を与えていることは明白である[*74]。ここで注目すべきは後者で、これについて芥川は「いまでも非常に鮮烈に覚えている」と述懐しており、「チェンバロが入ってハープシコードが入っているやつ」[*75]と、楽器編成にも言及している（芸術・行動、五〇頁）。自身にとって重要な音楽体験のひとつとみなしていた進駐軍向け放送の中で特に印象に残ったマルタンの作品で大きな位置を占めていたチェンバロの存在は、芥川にとって特別なものだったということは想像に難くない。このことから、芥川はあくまでも現代音楽の文脈からチェンバロの響きをみずからの作品に取り入れたと考えられるのである。

73 芥川の発言では作品名が「フランク・マルタンの『シンフォニー・コンチェルタンテ』」となっているが（芸術・行動、五〇頁）、「シンフォニー・コンチェルタンテ」すなわち《協奏交響曲》は《小協奏交響曲》をより大きな編成の管弦楽（三管編成）に改作したもので、《小協奏交響曲》には存在したチェンバロ・パートが省かれている。したがって、チェンバロについて言及した芥川のこの発言は《小協奏交響曲》を指してなされたものだと考えるのが妥当である。（参考：https://www.frankmartin.org/compositions/symphonic-works/）

74 なお、タンスマンのこの作品は一九五四年一月に開催された「3人の会」の第一回作品発表会において、三人の自作曲の前に上田仁の指揮によって披露されて日本初演を果たした。

75 言うまでもなくチェンバロとハープシコードは同じ楽器を指す言葉であり、ここでの芥川の発言は言い間違い、もしくは文字起こしの際のミスと思われる。ちなみに、マルタンの《小協奏交響曲》の楽器編成はハープ独奏・チェンバロ独奏・ピアノ独奏とふたつの弦楽オーケストラであり、芥川の発言は二台のチェンバロ（あるいは二台のハープシコード）を意図したものではないと考えられる。

第三節　芥川也寸志の映音楽におけるチェンバロの響き

第三節第一項　『自分の穴の中で』——単一楽器を用いた伴奏音楽

それでは、芥川が日本映画ではじめてチェンバロを用いた『自分の穴の中で』とは、どのような映画だろうか。同作は本書刊行時点で未ソフト化で、国立映画アーカイブの所蔵プリントによるフィルム上映あるいはAmazonプライムビデオでの配信など限られた手段でのみ鑑賞が可能な作品であるため、ここでその物語について詳しく記しておきたい。

『自分の穴の中で』は、『蒼氓《そうぼう》』で第一回芥川賞（一九三五年）を受賞した作家・石川達三（一九〇五—八五年）の同名小説の映画化で、『血槍富士』『たそがれ酒場』（ともに一九五五年）に続く内田吐夢の戦後復帰第三作目にあたる。あらすじは以下の通りである（執筆にあたっては、同作の公開当時のパンフレットを参考にした）。

志賀家は母・伸子（月丘夢路）、娘・多実子（北原三枝）、その兄・順二郎（金子信雄）の三人暮らし。伸子は後妻であるため、親子に血縁関係はない。順二郎は胸を病んでおり、株の売買が唯一の生きがいである。何事に対しても超然とした態度を崩さないが、胸中には彼のもとを去った妻の面影がこびりついている。

仲子は若く野心溢れる医師・伊原（三國連太郎）が娘と結婚することを望んでいるが、勝気な多実子は頑なに拒む。伊原の乱れた女性関係を知っているだけでなく、彼が仲子に好意を抱いており、仲子もまんざらではないはずだと疑っているからだ。疑いを裏づけるように、伊原は仲子に猛烈に求愛するが、彼女はたばこの火を伊原の手に押し付けるなどして冷たくあしらう。

伊原の友人・小松（宇野重吉）は、かつて志賀家の書生だった。伊原とは対照的に気弱な彼は、多実子を密かに愛しながら、彼女の結婚話を傍観している。

志賀家の所有する土地を処分するため、多実子は京都へ行くことになった。電話で呼び出された伊原は、横浜駅までという約束で一緒に列車に乗り込む。横浜駅に着いたが、伊原の手を握りしめた多実子は彼を離さない。結局、ふたりは小田原で下車し、箱根の旅館で一夜を共にした。京都から帰る列車の中で、多実子は旅行中の小松と出会った。いつになく親しげな多実子の横に小松は遠慮がちに座り、彼女の寝顔を盗み見た。そして、ふたりは夜に帰京した。

多実子と別れたあと、小松は酒場で久しぶりに伊原と会った。ホステス達に囲まれて、伊原は箱根の夜のことを冗談めかして語り、多実子とは結婚しないと言った。怒った小松は伊原を殴るが反撃される。小松は悄然と店を出たが、酒場に戻り、伊原に許しを求めたあとで絶交を告げた。伊原は小松を軽蔑したように笑って見送った。

数日後、仲子は京都の土地を売ったお金を渡すよう求めたが、多実子と順二郎は渡そうとはしなかった。ぎこちなかった親子関係に、決定的な亀裂が入った。

多実子はふたたび伊原と会い、箱根の夜の責任を質したが、伊原はそんなことは気にも留めない様子だった。そんな中、小松が九州に職を得て東京を離れることになった。多実子は小松を訪ね、彼の愛情を受け入れる気持ちを仄《ほの》めかした。しかし、それが運命であるかのように、小松は九州行きを思い留まろうとはしなかった。

伸子は実家に帰ることにした。そんなある夜、順二郎の元妻が家にやってきた。喧嘩をして家を飛び出してきたため、一晩泊めてほしいという。順二郎は半狂乱になり、寝室まで這いつくばって行く。ところが、家にかかってきた見知らぬ男からの電話で、彼女はそそくさと出て行った。そのショックから急激に衰弱した順二郎は喀血する。伸子は同情するが、「私たちのことは心配しなくてもいい」という多実子の冷たい言葉に失望して家を出た。順二郎は多実子に株取引の損失によって全財産を失ったと告白した。彼はふたたび喀血して息絶えた。

伊原が順二郎の葬儀にやってきた。彼は勤務先の院長の娘と婚約し、研究発表のため外遊するところだった。葬儀が終わり、ひとりきりとなった家の庭先で順二郎の遺品を焼く多実子は、過去と現実の苦痛にじっと耐えていた。

同作の音楽で特筆すべき点は、単にチェンバロが用いられているということだけでなく、物語内で再生されるレコードの音やバーでの楽団の演奏などを除いた物語外の伴奏音楽がすべてチェンバロだけで演奏されるという点である。通常の映画音楽で用いられるオーケストラはまったく登場せず、一貫してチェンバロのみの伴奏音楽が展開されるのである。

単一楽器による映画音楽としておそらくもっともよく知られる例として、アントン・カラスによる『第三の男』（キャロル・リード監督、一九四九年）のツィターが挙げられるが、この影響は同時代的に、あるいはやや遅れて日本映画にも波及した。たとえば、斎藤一郎は『驟雨』（成瀬巳喜男監督、一九五六年）でピアノのみの音楽を書いている。[*76] しかし芥川こそ、単一楽器による映画音楽に当時もっとも積極的だった日本の作曲家だといえる。『自分の穴の中で』のあとも、彼は『危険な英雄』（鈴木英夫監督、一九五七年）でギター・デュオ――ソロではないため厳密には単一楽器とはいえないが、本篇の伴奏音楽にギター以外の楽器は用いられないため、拡大解釈的に例に加えたい――による音楽を書き下ろしている。[*77] さらに『異母兄弟』（家城巳代治監督、一九五七年）では、全篇にわたってパイプオルガン・ソロによる音楽を付し、一四年後の『曼陀羅』（実相寺昭雄監督、一九七一年）における冬木透（蒔田《まいた》尚昊《しょうこう》）の音楽を予見すらしている。[*78] 単一楽器による伴奏音楽は、作品ごとに編成の大小はあるもののオーケストラを主体としていた当時の日本映画においてイレギュラーであり、芥川の取り組みはきわめて独創的なものだったといえる。

『自分の穴の中で』における芥川の音楽は、チェンバロの特徴的な鋭い音色を活かしながら、ときに画面と対立するようにして、ときに画面に溶け込むようにして多彩に物語を盛り立てていく。たとえば、冒頭の音楽は和音の連打と快活なオスティナートが組み合わさった力強い音楽であるのに対し、九州行きを決意した小松が下宿先で多実子と

76 同作の助監督を務めた廣澤榮によると、音楽をピアノだけにするという考えは成瀬の発案だったという（廣澤一九九〇、二一二頁）。

77 同作でギター演奏の依頼を受けた浜坂福夫が、録音についての詳細な証言を残している（浜坂、二七―三一頁）。

78 もっとも、サイレント後期の一九二〇年代のアメリカで相次いで建造された「ピクチュア・パレス（映画宮殿）」と称される豪壮な映画館建築では、館内にオルガンが設置されて短篇映画の伴奏や観客の退場音楽などに用いられていた（加藤、一〇七―一〇九頁）。つまり、映画史的にみて伴奏音楽にオルガンを用いることはある時期までは一般的であったということをここに断っておく。

語らう場面（一時間三一分〜三七分頃）では、ふたりの会話の背景にいくぶん柔らかい音色かつ低い音量で伴奏音楽がつけられる。

また同作には、すでに第二章で触れたように、モティーフの流用の例としても重要な場面が含まれている。『地獄変』で物語の山場のひとつとなる絵師の娘（内藤洋子）が牛車ごと焼き払われる場面で用いられた楽曲（《祈りのテーマ》）を、芥川が最初に用いたと考えられる使用例が見いだせるからである。

以上のように、芥川は本作で単彩的になりがちな単一楽器による伴奏音楽を巧みに用いることで多彩な効果を引き出し、作品に奥行きを加えるような音楽設計を行っている。本作は、連綿と続いていくモティーフの流用の布石となったという点でも欠くことのできない重要な作品だといえよう。

なお、この芥川の音楽は公開当時少なからず注目を浴びたようで、作品公開後に出た作品評にも（当時の日本映画にしてはとても珍しいことだが）音楽への言及が散見される。たとえば長江道太郎は「チェンバロを使ったあの伴奏音楽のテンポが、ちょうど人間の心理行動のあゆみのテンポ、そして観客であるわたしたちにもそれが共通するふしぎな『時間』のテンポをあゆませて、共感に誘いこみ、心理のきざみを与えられるような印象があった」と、チェンバロの特徴的な音色を活かした芥川の音楽設計を評価している（長江、八四頁）。一方で、北川冬彦は「芥川也寸志の音楽、『こころ』のときもそうだったが、ここでもとんちんかんのうらみがある」（北川、八二頁）と切って捨てるような評言を残しているが、異質な音色に気を取られて芥川の意図を理解するには遠く及ばないばかりか、大木正夫（一九〇一―七一年）が手がけた『こころ』（市川崑監督、一九五五年）の音楽を芥川によるものと誤認さえしており、とんちんかんなのはどちらだろうかと問い詰めたくなる体たらくである。いずれにせよ、当時の日本の映画批評家たちが音楽に対してどの程度まで注意を払うことができていたか、その一端を示す好例には違いない。

第三節第二項 『台風騒動記』――登場人物の戯画化

『自分の穴の中で』の翌年に芥川が手がけた『台風騒動記』（山本薩夫監督、一九五六年）の音楽でも、チェンバロが重要な役割を担っている。

台風が大きな爪痕を残したとある村で、持ちこたえた小学校の校舎を故意に取り壊して被災建物の再建補助金をせしめようとする村ぐるみの不正を背景に、議会を牛耳る村の実力者たち、村に住む小学校教員の友人・務《つとむ》（菅原謙二［謙次］）を訪ねた折にひょんなことから大蔵省の調査官と間違われて騒動に巻き込まれる青年・吉成《よしなり》（佐田啓二）、アカすなわち共産主義者がはびこる世の中に危機感を募らせて村人の言動を監視する権威主義的な巡査（多々良純）を中心に繰り広げられる同作は、『真空地帯』（一九五二年）などの社会派作品を多く手がけた山本らしく端々に痛烈な皮肉の効いた諷刺喜劇である。作品全体を眺めると、芥川の音楽は作品の諧謔性を音響面から支えていることがわかる。

まず冒頭のタイトル部分を見てみよう。台風の勢力を伝えるラジオのニュースに続いて、強風と雨が吹き付ける灯台を背景にタイトル音楽が流れはじめ、「台風騒動記」の題字が出る。この音楽のチェンバロと木管楽器（おそらくフルート）のリズムパターンを譜面に起こすと、以下の譜例Ⅴ-3のようになる。

八分音符を基調にしたフルートのリズムと、付点八分音符＋一六分音符と八分音符の組み合わせによるチェンバロのリズムが混ざって、あたかも「エンヤトット」の掛け声で知られる斎太郎《さいたら》節のようなおどけた節回しが表出する。[*79] 冒頭からして、物語の何やらおかしげな雰囲気が醸し出される音楽演出がなされていることがわかる。

冒頭部分のみならず、本篇全体にわたってチェンバロの響きは登場人物の振る舞いを戯画化するような役割を担わされている。とりわけ、物語の狂言回しとなる、アカの脅威を気にかけて村人の言動を手帳に書き込みながら監視し、都会からやってきた吉成を特に警戒する巡査の、行き過ぎた正義感ゆえに奇矯さすら感じられる振る舞いに対して、集中的に使われているさまがうかがえる。

たとえば、台風で大きな被害を受けた住民たちが寓居している通称「弾薬庫」——もともと陸軍の建物だったことからこう呼ばれている——の前で、住民を相手に何やら身振り手振りを交えて真剣に話す務の様子を巡査が双眼鏡越しに覗いて監視する場面と、「弾薬庫」をあとにした務を追いかけた巡査が被災住民を扇動しないよう彼に釘を刺す場面（0:20:22-0:20:35／0:20:49-0:21:43）がそれに当てはまる。まず、双眼鏡のレンズを模したようなフレームの中で務が住民たちに何かを話している様子（図Ⅴ-17）と、巡

譜例Ⅴ-3（上段：フルート、下段：チェンバロ；チェンバロはc-durの和音を奏でる）

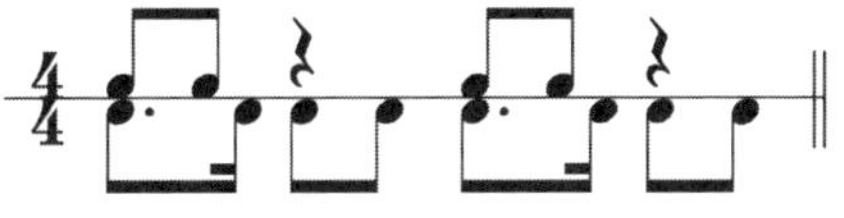

79 ただし、この作品は芥川の自筆譜が残されておらず、採譜にあたって参考にした映像素材（VHS）の状態も良好ではない。さらには、演奏自体の精度が低いためにアンサンブルがちぐはぐになっている箇所が散見され、この譜例が正確なものかどうかは疑問の残るところである。ただし、これらの事象が相俟って音楽の滑稽さが増していているといえなくもないため、一概に否定的に捉えられるべきではない。

査が離れたところから双眼鏡越しにそれを覗く様子（図Ⅴ-18）が交互に示される。

前者はいわば巡査の主観ショットであり、務の発話は画面上（あるいはサウンドトラック上）には現れない。その代わりに、彼の大仰な身振りに連動するようにチェンバロの旋律が鳴り響き、これが巡査の主観ショットだと認識している鑑賞者は、あたかも巡査の頭の中でこのおかしげなチェンバロの響きが鳴り響いているような印象すら受ける。後述する短いシークエンスを挟んで続く後者の場面では、前者の場面で用いられたモティーフの変型が終始流れ、「あんたは無神論者だし……『中央公論』や『世界』の読者だでな」（0:21:15-0:21:25）と「弾薬庫の民情調査」に行った務をたしなめる。

この一連の場面をつぶさに観ると、チェンバロの響きは、巡査だけでなく務の言動を

図Ⅴ-17　『台風騒動記』0:20:24

図Ⅴ-18　『台風騒動記』0:20:29

図Ｖ-19　『台風騒動記』0:20:38

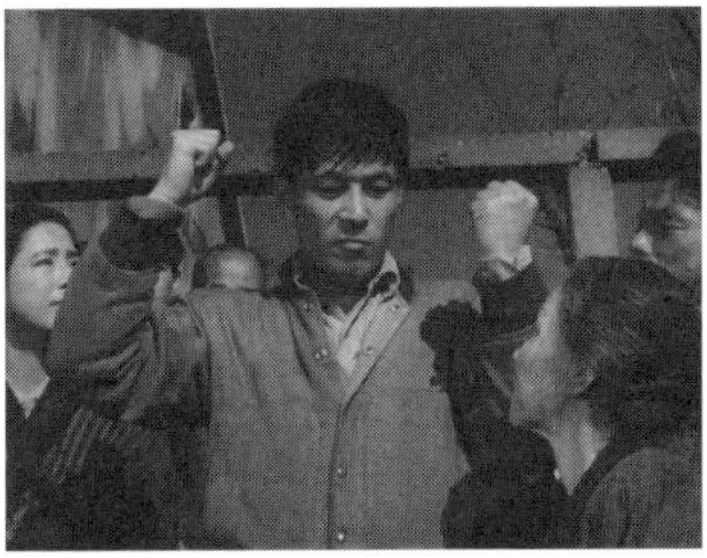
図Ｖ-20　『台風騒動記』0:20:43

図Ｖ-21　『台風騒動記』0:20:41

も茶化すような効果を持っていることがわかる。実は、チェンバロが流れるふたつの場面に挟まれて、務が村人に演説する様子が、先ほどとは異なって音声を伴って示される。双眼鏡越しに身振りだけを見れば淀みなく大演説をぶっているようだった務も、実際には「断固、闘争なくして……」と威勢よくはじめてみたものの（図Ｖ-19）、近づいてきた老婆（飯田蝶子）の体臭が気になって（図Ｖ-20）、「くせえなぁ、婆さん……」と意気阻喪し（図Ｖ-21）、「じゃまた来るで」とすごすごとその場から去ってしまう。理想は高いもののいつも肝心なところで踏ん切りのつかない務の優柔不断さを、映像と音響の組み合わせによって観客に暴露するような効果が醸し出される。[*80]

本作でチェンバロの響きが効果的に用いられたもうひとつの場面を確認してみよう。

80 このあと、務は補助金に関する重大な秘密を偶然知ってしまい、村長たちに口止めを強要される。しかし、良心の呵責や村の現状に憤りを覚えた務は、村民たちの居並ぶ前で意を決して真相を告白する。それまでは優柔不断で弱々しい存在だった務が力強く行動することで、物語展開が劇的な推進力を帯びる。

本篇一時間四分頃、吉成が村人たちとともに居酒屋で飲んでいるところに巡査がやってくる次の場面である。

村に交付されると噂されている補助金を当て込んで皮算用をする村人たちに、その金も結局は村長や村の有力者たちに取られてしまうだけだと吉成は諭す。村人たちはそういえば日当もろくに貰っていないし、好きな焼酎だってそうたやすくは飲めないとこぼす。そこに巡査がのれんの影からぬっと姿を現す。巡査はアカの気があると常々注視している務と親しい吉成——彼は東京から職探しにやってきた失業者だが、大学出のインテリであるらしい——を、村人を赤化させる危険分子に違いないと警戒している。村人たちは明日役場に乗り込んで町長たちを問い質してやろうと息巻くが、巡査が覗いていることに気がつきトーンダウンし、気まずくなって三々五々帰っていく。巡査は吉成に向かって村人を扇動してはいけないとなじる。吉成は扇動などしていないと答え、そんなことはないだろうと村人たちに同意を求めるが、そこにいるのは居酒屋の主人と手伝いの娘だけである。巡査は呆れたように「筋金入りだな……」と呟き店をあとにする。

このシークェンスの映像・台詞・音楽の連携は瞠目すべきものがある。一時間四分二五秒頃、村人が「焼酎だって、そう、たやすくは飲めねえや」という台詞を発する（図V-22）が、「そう」の発語と重なるようにチェンバロの鋭い響き（譜例V-4）が加わる。その響きに導かれるように、居酒屋の店内のショットは店の入り口で暖簾越しに立つ巡査の影のショットに切り返される（図V-23）。チェンバロの響きが鳴り終わると同じくらいに、巡査が暖簾を手で除けて顔を現す（図V-24）。そして、巡査と吉成の押し問答のあと、巡査が呆れたように「筋金入りだな……」と呟くと、チェンバロが三オクターヴにわたってEsの単音を奏でる（図V-25）。

その響きは、あたかもテレビ番組『ドリフ大爆笑』（フジテレビ、本放送一九七七—九六年、以後散発的にスペシャル版が放送）で各コントの最後に鳴り響く「オチ音」——とりわけ、巡査の呆れている様子から、いかりや長介が最後に「だめだこりゃ」と発するのがお決まりのパターンになっている「もしものコーナー」のそれ——を強く連想させ、加藤義彦がたかしまあきひこの音楽について評した「わずか数秒なのに、そこには必ず口元がゆるむようなユーモアがある」（『コミック・バンド全員集合！』、一〇二頁）という言葉がそのまま当てはまる。

図V-22 『台風騒動記』1:04:25

図V-23 『台風騒動記』1:04:26

図V-24 『台風騒動記』1:04:28

図V-25 『台風騒動記』1:06:51

譜例V-4

これらのシークエンスを筆頭とした巧緻な音楽設計によって、作品は諷刺喜劇的色合いを強くすることに成功しているといえる。

第三節第三項　『赤穂浪士』――むちとの結びつき、歴史性の顕現

『台風騒動記』以降、芥川の映像音楽でのチェンバロが用いられたのは、一九六四年のNHK大河ドラマ『赤穂浪士』のテーマ音楽においてである。有名な忠臣蔵の物語を一年間にわたって映像化した同作は、映画界・演劇界から名のある俳優たちが大挙して出演した。「話題作にしては技術的にはおもしろくない。そこに試みてあるのは、もっぱら、映画的な見なれた手法ばかりである。原作のよさにおんぶし、スターの人海戦術に支えられているだけでは、芸のない話で、ここらで連続ドラマとしても、新しい手法を開拓しなければ意味がなくなる」（『テレビドラマ』一九六四年二月号、六一頁）など、批評では旧態依然とした演出がしばしば槍玉に挙がることがあったものの、最高視聴率五三・〇％（第四八回『引揚げ』）という数字は、大河ドラマ史上の最高記録として現在も破られておらず、日本のテレビ史に名を残す作品である。芥川のテーマ音楽も大きな反響を呼び、視聴者に強い印象を残した。芥川の映像作品のみならず、すべての芥川音楽の中でもっとも人口に膾炙した作品と言っても過言ではない。

第三章で言及したように、《赤穂浪士のテーマ》とそれまでの流用作品を峻別するのがむちの響きである。芥川の映像音楽においてむちは重要な役割を担い続けてきたが、同じくらい重要であると考えられるチェンバロがこのテーマで用いられているというこ

とは興味深い。楽曲では、はじめはヴァイオリンによって主旋律が演奏され、二度目はチェンバロがそれを繰り返すことでチェンバロの響きが効果的にクローズアップされる。そして、少なくとも《赤穂浪士のテーマ》におけるチェンバロは『台風騒動記』のように諧謔性を強調するよりもむしろ荘厳さを帯びたものであり、スキーピングが主張した歴史性が強く出ているといえる。片山杜秀は、作曲家・佐藤勝（一九二八―九九年）の「チェンバロはチョンマゲにピッタリ」という発言を引き合いに出し、チェンバロの音色は日本人に箏《そう》の類いを連想させるために前近代の日本の風景と親和性が高いのだと指摘する（片山二〇〇八、二三三―二三四頁）。芥川が時代劇にチェンバロを用いたのが本作だけであるという事実を踏まえれば、芥川にも佐藤や片山が指摘するような意図があった可能性は高いといえるだろう。

　以上のように《赤穂浪士のテーマ》は、モティーフの流用という点だけでなく、チェンバロに歴史性をまとわせた点とむちとチェンバロを結びつけた点において高い重要性を持つ。むちとチェンバロの併用は、以降の芥川作品にも継承されていくこととなる。

第三節第四項　《チェロとオーケストラのためのコンチェルト・オスティナート》——演奏会用作品におけるチェンバロ

　芥川の音楽作品で『赤穂浪士』に次いでチェンバロが現れる作品は、映像音楽ではなく演奏会用作品である。芥川が一九六九年に完成させた《チェロとオーケストラのためのコンチェルト・オスティナート》（以下、《コンチェルト・オスティナート》と略記）

がそれにあたる。題名の通り独奏チェロとオーケストラの協奏的作品で、「たったひとつのオスティナートから敷衍されたモチーフだけで一曲のコンチェルトを書くという、いうなれば全くの初心に帰った状態で、一切の無駄と粉飾を省くことに徹した、この上ない過酷な作業を自らに強いた」「自己を厳しく見つめ直す作家としての真摯な創作態度が、痛いまでに伝わってくる作品として、芥川の中期を代表する傑作」（毛利、六頁）と評される、芥川のキャリア第三期の劈頭を飾る代表作である。

《コンチェルト・オスティナート》におけるチェンバロの音色は、作品のそこかしこで聴くことができる。たとえば、冒頭で楽曲の中核を担うオスティナート主題（E–H–B–G–Dis–E–G–B）はチェンバロによって導き出されている（譜例V–5）。それだけでなく、チェンバロの音色は作品全体で耳にすることができ、作品はさながらチェロとチェンバロのための二重協奏曲の様相を呈する。

譜例Ⅴ-5 《コンチェルト・オスティナート》冒頭部オスティナート主題

この作品におけるチェンバロの重要性を考えるうえで、ある一本のテレビCMが示唆に富む。芥川が一九八一年から八六年頃までイメージキャラクターを務めた強壮剤「サモンエース」（大正製薬）の広告がそれである。[*81][*82]芥川が出演したそのCMでは、ナレーションの背景音楽として《コンチェルト・オスティナート》の終結部分が用いられている。特徴的なのは、チェロ独奏と管弦楽、そしてチェンバロという楽器編成がチェンバロとピアノだけ置き換わっている点である。映像の冒頭、芥川がピアノの鍵盤に手を伸ばすと《コンチェルト・オスティナート》の終結部がおもむろにはじまる。原曲のこの部分では、チェロ独奏と管弦楽が譜例V-5に示したオスティナート音型の応酬を繰り広げ、CMの映像中にも芥川がその音型の一部を五線紙に書きつける様子が映されるが、CMではチェロ独奏のパートがチェンバロで、管弦楽パートがピアノでそれぞれ演奏される。つまり、チェロ協奏曲を念頭に置いた原曲の編成は考慮の外に置かれ、独奏パートがチェンバロに置き換えられているのである。管弦楽パートがピアノによる縮小版になっていることを踏まえると、楽器変更はおそらくCMの製作現場における制約に由来するものと推定される。いずれにせよ原曲の独奏楽器をチェンバロに交替させたという事実は、彼がこの楽器に対してどのような考えを持っていたかを考えるうえで興味深いものである（芥川がピアノを弾く映像にわざわざチェンバロの音が重ねられる点からも、そのこだわりの強さがうかがい知れよう）。

ところで《コンチェルト・オスティナート》には、《赤穂浪士のテーマ》でチェンバロとともに重要な役割を担うむちも登場する。楽曲の中では、緊張感が最高潮に達した

81『大正製薬80年史　資料編』には、一九八一年六月に広告タレントに芥川也寸志を起用し、一九八六年一〇月に広告タレントが古舘伊知郎に交替されたことが書かれている（一七二頁）。

82 二〇二五年現在、当該CMはYouTubeにアップロードされた「1976-92　大正製薬CM集」という動画の八分一六秒から八分四六秒頃にかけて見ることができる。（https://www.youtube.com/watch?v=TmqK9JnBss4）

ときに決まって一発のむちの音が打ち込まれ、硬質なチェンバロの楽音との相乗効果が図られるのである。スコアには、「むち」を意味するドイツ語〝Peitsche〟が二回書き込まれていることが確認できる（全音版スコア三一ページ三小節目および一一二ページ四小節目、譜例V-6）。

第二章で指摘した通り、むちの音色は《コンチェルト・オスティナート》とほぼ同時期に生み出された『地獄変』の音楽で重要な役割を担っており、そのむちが《コンチェルト・オスティナート》のクライマックスでも用いられるということは、『地獄変』と《コンチェルト・オスティナート》の関係性を考えるうえで重要である。チェンバロとむちの使用によって、両者はいわば《赤穂浪士のテーマ》を母体とした二卵性双生児と位置づけることができるのだ。

第三節第五項　『影の車』――諧謔性や歴史性から離れて、盟友・野村芳太郎との協働

《コンチェルト・オスティナート》発表の翌年に製作された映画『影の車』（野村芳太郎監督、一九七〇年）でも、芥川はチェンバロを使用した。同作は松本清張の短篇小説『潜在光景』（一九六一年）を原作とした一種のニューロティック・スリラーで、野村にとって『張込み』（一九五八年）、『ゼロの焦点』（一九六一年）に続く松本清張原作ものである。日々の暮らしにどことなく行き詰まりを感じていた旅行社勤務のサラリーマン・浜島幸雄（加藤剛）が、偶然再会した同郷の女性・小磯泰子（岩下志麻）と不倫関係に陥るが、彼女の連れ子・健一（岡本久人）が心を閉ざす様子を目の当たりにし、人知れ

譜例V-6 《コンチェルト・オスティナート》全音版スコアp.112
4小節目中段、網かけで示した部分に“Peitche（Peitscheのミススペル）”の文字が見える。

ず養父（滝田裕介）に殺意を抱いたみずからの幼少期を重ね合わせて、健一も自分を殺そうとしているのではないかと妄執を募らせていく。

本作は一九六九年九月一三日にクランクイン、翌年五月二日クランクアップという当時としては異例の長期間で製作された（読売新聞一九七〇年五月一三日夕刊、七頁）。映像表現においても凝った試みが行われ、撮影を務めた川又昂は、本作で重要な位置を占める主人公の回想場面のために「多層分解」と名づけられた特殊な現像処理法[*83]を編み出し、幻想的でありながら怪異的ですらある不思議な画面を表出した。

前年公開の『地獄変』同様、芥川の音楽は公開当時から注目を集めており、パンフレットには、「芥川也寸志（音楽担当）の気宇壮大な音楽構想」と題して以下のような文章が掲載されている。

> 音楽挿入のためのオールラッシュ試写のあと彼は「こんなにすばらしい映画を私は知らない」と昂奮《ママ》、ユニークな芸術家・芥川也寸志のすべてを注ぎ込んでみたいと語っています。
> 日本映画音楽史上空前のフルオーケストラによる音楽構想だけに松竹撮影所の音楽録音室での処理にはあきたらず抜群の音響効果が発揮できる大会場を求めて東奔西走しました。
>
> （『影の車』パンフレット、頁数なし）

83 複雑な技法ゆえに限りある紙幅で説明することは困難を極めるが、端的に言えばオリジナル・ネガから三色分解ポジを作成し、それらを数コマずつずらしてふたたび合成焼き付けするという手法である。なお、多層分解については以下の記事が詳しい。「撮影報告　影の車」、『映画撮影』三八号（日本映画撮影監督協会、一九七〇年）、九―一一頁。

『八つ墓村』公開時の黒柳徹子との対談で「ああいうのは宣伝部が作っているからね」（黒柳、一九二頁）と語っているように、たぶんに宣伝的なこの文言を丸ごと鵜呑みにはできないものの、「藤沢公会堂で録音しました」（『芥川也寸志の世界』ライナーノート、頁数なし）という本人の証言もあり、芥川がいくぶん力を入れて『影の車』の作曲にあたったことは間違いないだろう。「気宇壮大」であるかどうかは別にして、音楽も入念に考えられたものになっている。

本作のメイン・テーマでは、チェンバロの音色がどことなく寂寥感漂うものでありながら洒脱な雰囲気もまとっており、『台風騒動記』や《赤穂浪士のテーマ》とは一線を画すものとなっている。映画音楽におけるチェンバロの趨勢にふたたび目を向けてみると、『影の車』が製作された一九七〇年には、チェンバロが用いられることはもはや物珍しいことではなくなっていた。先に挙げた團と黛の例を除いても、眞鍋理一郎の『「赤坂の姉妹」より　夜の肌』（川島雄三監督、一九六〇年）、木下忠司の『ママおうちが燃えてるの』（川頭義郎監督、一九六一年）、間宮芳生の『若い狼』（恩地日出夫監督、一九六一年）、武満徹の『おとし穴』（勅使河原宏監督、一九六二年）、池野成の『その場所に女ありて』（鈴木英夫監督、一九六二年）[*84]、佐藤勝の『用心棒』（黒澤明監督、一九六一年）あるいは『悪の階段』（鈴木英夫監督、一九六五年）など、一九六〇年代以降の日本映画でチェンバロを用いた例はたやすく見いだせる。各作曲家は、その音色をインスピレーションの拠りどころとしてより自由に用いていった。小林淳の指摘するように、チェンバロだけでなくドラム・セットや女声のスキャットまで取り入れられた『影の車』

84 なお、同作のメイン・テーマはドメニコ・スカルラッティ（一六八五—一七五七年）の《チェンバロ・ソナタヘ短調 Kk.69 / L.382》に基づいている。

の音楽全体の雰囲気は、フランシス・レイやポール・モーリアをはじめとしたフレンチ・ポップを彷彿とさせる（『野村芳太郎監督作品　サウンドトラックコレクション』CDライナーノート、頁数なし）。芥川は当時のモードを念頭に置き、チェンバロを用いた洒脱なメイン・テーマを作り上げたのである。

ただ、『影の車』におけるチェンバロは、多層分解の施された映像との相乗効果によって浜島の回想をノスタルジックに描き出す一方で、肉体関係を持つに至った浜島と泰子がどことなく日常生活に張り合いを取り戻した様子をモンタージュ風に綴る場面ではドラムとともにアップテンポな楽曲を奏でたり（0:28:35-0:29:32）、目の前に現れた健一の手に握られた包丁を見た浜島が慄然とする場面では包丁のショットにぶつけるようなトーンクラスターを奏でたり（0:55:06-0:55:34）して、『自分の穴の中で』同様に硬軟併せ持ったものとなっている。本篇に時折挿入される（当時としては）濃厚なベッド・シーンやラストの養父殺害の回想場面でほとばしる鮮血[*85]といった、後年の『八つ墓村』や『震える舌』（一九八〇年）などにも通じる野村のアクが強い画づくりは、芥川の柔軟な音楽と合わさることで増幅されてより激烈に、あるいは中和されてより穏やかなものとなる。つまり、芥川の音楽がいわば画面の調整役を担うこととなる。野村との対談において、本作のあるセックス・シーン[*86]で岩下志麻がオーガズムに達したような演技をしていることについて言及している（芥川一九七八、一八二頁）ことからも、彼が野村の画づくりをはっきりと認識したうえで作曲に臨んでいたことが十分にうかがい知れる。

85『最後の切札』（一九六〇年）にせよ『八つ墓村』（一九七七年）にせよ、野村＝芥川デュオ（ここに橋本忍と川又昂の名を足してカルテットにしてもよかろう）の作品には戯画的ですらある派手な流血場面がしばしば登場する。

86 ここでは本篇0:58:15-0:58:20を指していると推定される。

野村と芥川が仕事を共にした本数は一七本（野村のプロデュース作品を含めると一九本）で、この数字は芥川が組んだ映画監督の中でも特に多いものである。ふたりがはじめてタッグを組んだのは『伴淳・森繁の糞尿譚』で、同作の音楽ダビング完了後、完成試写の開始までホテルに帰った芥川が入浴中に寝入り、迎えの電話に飛び起きたものの身体がふやけてしまい、靴が足に入らず裸足のままホテルのロビーを駆け抜けたというエピソード（芥川一九八一、八四―八五頁）は、彼が好んで語った失敗談のひとつである。芥川は野村について「ひじょうにやりやすいですね。ものを一緒に考えたり、悩んだりすることのできる監督さんですね」「音楽に対して、期待、評価をよせてくれて、しかも意欲的に自由に仕事をさせてくれる人ですね」（貝山［構成］一九九七、頁数なし）と評しており、特に相性のよい映画監督とみなしていた。

芥川の没後すぐ放映された『N響アワー』の追悼特集（『芥川也寸志さんをしのんで』、一九八九年二月四日放送）に、唯一の映画関係者として野村が出演したことからも、ふたりの良好な関係性が垣間見える。[87] 同番組で、野村は芥川との出会いについて語っている（02:30-03:37, 18:49-19:48）。それによると、野村は芥川の兄・比呂志と慶應義塾大学文学部の同級生であり面識があった。さらに、『伴淳・森繁の糞尿譚』の製作に先んじて企画が進んでいた『張込み』は黛敏郎が音楽を担当しており、野村と比呂志の繋がりを知った黛から、次回作の音楽は自分ではなくぜひ芥川に頼むよう薦められたという。[88] 芥川にとってもっとも相性のよい映画監督だったと言っても過言ではない野村との邂逅が、「3人の会」のメンバーである黛を介してであったという証言は、この作曲家グ

87 同番組には野村のほか團、なかにし礼（作家）、木村尚三郎（西洋史家）、徳永二男（ヴァイオリニスト、当時のNHK交響楽団コンサートマスター）が参加している。なかにしと木村は芥川が晩年司会を務めた『N響アワー』で共演しており、さらになかにしはJASRAC（日本音楽著作権協会）の仕事も一緒に行っていた。徳永は番組終盤、芥川を偲んでJ・S・バッハの《無伴奏ヴァイオリン・ソナタ第一番［BWV1001］》から〈アダージョ〉を演奏している。

88 『張込み』は製作が遅れ、結局『伴淳・森繁の糞尿譚』が先に撮影・公開されることになった。『張込み』が封切られたのは『伴淳・森繁の糞尿譚』公開の約八か月後にあたる一九五八年一月一五日である。

ループがどのように映画と関わったのかを考えるうえで欠くべからざる重要なものである。『影の車』を境に、芥川はしばらく映画音楽から遠ざかる。そして、芥川のⅡ期の映画音楽では、チェンバロが――同じくむちも――使われることはなかった。芥川の映像音楽をさまざまな形で彩ったチェンバロとむちの響きは、彼の映像音楽のピークとともに過ぎ去ったのである。

芥川は、映画の音楽について「違反を恐れる制限速度のドライヴィング、欠点をなくそうとするの《ママ》あまり冒険をつつしみ、実験を拒否する態度」を「これ程つまらなく、これ程退屈するものはありはしない」と批判するとともに、「こういう音の構成は残念ながら日本映画では非常に屢々聴かれる」と慨嘆している（芥川一九五九、二九五―二九六頁）。『自分の穴の中で』『台風騒動記』『赤穂浪士』そして『影の車』におけるチェンバロの用法、あるいは『自分の穴の中で』『危険な英雄』『異母兄弟』での単一楽器による音楽や、『花のれん』などにおける特徴的なむちの用法、そして幅広い作品にみられるモティーフの頻繁な流用には、芥川の旺盛な実験精神、ならびに先陣を切って日本の映画音楽を革新していこうとする態度が鮮明に打ち出されているのだ。

第六章

芥川映像音楽作品論（Ⅳ）
「3人の会」との繋がりから——『地獄門』を例に

第一節　『地獄門』の映画／音楽史的重要性——作品評価の更新を目指して

二〇一八年に開催された第七一回カンヌ国際映画祭では、二一年ぶりに日本映画（是枝裕和監督の『万引き家族』）がパルム・ドールを受賞したことが大きな話題となった。この映画祭で日本の映画がはじめて最高賞に輝いたのは、一九五四年に開催された第七回の『地獄門』（衣笠貞之助監督、一九五三年）においてである。[*89] この作品は大映がはじめて取り組んだカラー長篇劇映画であり、松竹・東宝・東映といったライバル他社がフジカラーあるいはコニカラーといった国産システムを用いてカラー化に乗り出す中、[*90] あえて海外のカラー・システム、すなわち米イーストマン・コダック社のイーストマンカラーの採用に踏み切り、社運を賭して製作された。カンヌでの受賞に続き、一九五五年に開催された第二七回アカデミー賞においても特別賞（外国語映画賞）およびカラー衣装デザイン賞を受賞し、日本映画の国際的躍進に先鞭をつける作品のひとつとなった。二〇一一年には大規模なデジタル修復が施され、レストア版の上映や映像ソフトの発売がなされたことも記憶に新しい。[*91] 日本映画の国際進出の嚆矢として、あるいは日本における初期カラー映画の代表的作品として、『地獄門』は現在では映画史上に一定の評価を得ているといえるだろう。

しかし、本章は『地獄門』がどのような経緯でグランプリを受賞するに至ったのか、

89　なお、『地獄門』の受賞当時、同映画祭の最高賞は「パルム・ドール」ではなく「グランプリ」と呼称していた。

90　松竹初のカラー作品『カルメン故郷に帰る』（木下惠介監督、一九五一年三月二一日公開）、東宝初のカラー作品『花の中の娘たち』（山本嘉次郎監督、一九五三年九月一五日公開）はフジカラー、東映初のカラー作品『日輪』（渡辺邦男監督、一九五三年一一月一八日公開）と日活初のカラー作品『緑はるかに』（井上梅次監督、一九五五年五月八日公開）はコニカラーでそれぞれ製作されている。

91　ただし、本章で参照した映像素材は、一九九七年頃に発売されたVHSを原版とするものである。というのも、デジタル修復版のDVDおよびブルーレイ・ディスクの音声はノイズ除去が過剰に施されており、本書で扱う音楽的要素の識別に堪えないと筆者が判断するためである。

技術監督を務めた碧川道夫をはじめとした各スタッフがいかに苦心惨憺してカラー・フィルムという未知の存在を手なずけて色彩表現を獲得していったのか、あるいはこの作品の成功がいかに日本映画のカラー化に影響を及ぼしたのかといった、これまで『地獄門』あるいは大映のカラー映画政策を巡ってなされてきた議論[*92]をふたたび辿ることはしない。このような技術史的・産業史的背景を踏まえ、作品そのものを議論するために、従来の映画研究において看過されてきた重要な視座を導入したい。

本章の眼目は、これまで日本映画の国際進出や日本の初期カラー映画における記念碑的存在としての一面的評価に甘んじてきた『地獄門』を、この作品の音楽を手がけた芥川也寸志の映画音楽実践を通して再検証することで、彼の映画音楽のキャリアにおける重要作と位置づけ、それを足がかりにして、同作を新たな視点から日本映画史上に位置づけし直すことである。そのためには、芥川が『地獄門』に付した楽曲を分析することで見いだせるいくつかの要素（次節で詳述する）の検証が重要である。芥川作品の特徴として先行研究でしばしば指摘されてきたものだけでなく、『地獄門』以降に手がけられた歴史劇の映像音楽において頻出する要素や、当時最先端の試みまで盛り込まれたこの作品の音楽を検証し、さらにはそれを芥川の生涯全体を通じた創作史と照らし合わせることで、彼の作品の中において『地獄門』の音楽が持つ重要性を論証することができるだろう。

92　主な先行研究には以下のものがある。
主な先行研究には以下のものがある。

山口猛（編）『カメラマンの映画史　碧川道夫の歩んだ道』（社会思想社、一九八七年）。

岡田秀則「彩られた冒険——小津安二郎と木下惠介の色彩実験をめぐって—」、『日本映画は生きている　第二巻　映画史を読み直す』（岩波書店、二〇一〇年）、二八五—三〇一頁。

冨田美香「総天然色の超克——イーストマン・カラーから『大映カラー』への力学」、『「戦後」日本映画論』（青弓社、二〇一二年）、三〇六—三三一頁。

ただし、岡田と冨田の両論文は若干の映画史的誤謬を含んでいる。詳細については註21（四四頁）に示した拙稿を参照のこと。

第二節　『地獄門』の音楽――その特徴

一九五三年一〇月三一日に公開された『地獄門』は、芥川が作曲を担当した一九本目の映画音楽であり、彼が映画音楽界でも着実に業績を増やしはじめた時期の所産である。すでに述べた通り、芥川の映画音楽のキャリアは、『影の車』（野村芳太郎監督、一九七〇年）から『砂の器』（野村芳太郎監督、一九七四年）まで四年にわたる空白期を境として、一九五一年から一九七〇年までのⅠ期と一九七四年から一九八二年までのⅡ期というふたつの活動期に分けて考えることができる。片山杜秀が、芥川の演奏会用作品の創作期を一九四七年から一九五七年までの第一期、一九五八年から一九六七年までの第二期、一九六八年から一九八九年までの第三期の三つに区切っている（片山一九九九、一二二―一二三頁）ことを併せると、第一期および第二期がⅠ期、第三期がⅡ期と規定できる。

では、Ⅰ期＝第一期の中でも比較的初期に手がけられた『地獄門』の音楽には、どのような特徴が見いだせるだろうか。

その特徴として、以下の五点が挙げられる。すなわち、㈠オスティナート志向、㈡「むち」の音色、㈢モティーフの流用、㈣洋楽器と邦楽器の混淆、㈤ミュジック・コンクレートを主とした前衛的な音楽語法である。これら五つの特徴は、『地獄門』と同時期に製作された芥川以外の作曲家の映画音楽からの影響がうかがえる共時的な特徴と、芥川が手がけた映画音楽の全体に見いだせる通時的な特徴に大別でき、（四）（五）が前者、（一）（二）（三）が後者にそれぞれ該当する。

先に共時的特徴から述べたい。まず（四）についてだが、録音作業に関西交響楽団（現・大阪フィルハーモニー管弦楽団）が携わっていることからも明らかなように、『地獄門』の音楽は主に洋楽器によって編成された管弦楽によって演奏されるものの、和太鼓・篳《ひち》篥《りき》・琵琶などの邦楽器の音が随所に現れ、作品の音響を彩っている。洋楽器と邦楽器の混淆は早坂文雄が『羅生門』（黒澤明監督、一九五〇年）や『雨月物語』（溝口健二監督、一九五三年）あるいは『山椒大夫』（溝口健二監督、一九五四年）などで頻繁に用いた手法であり、平安時代末期を物語の舞台に据え、いわゆる「王朝もの」に分類される『地獄門』における芥川の音楽設計も、これらの音楽との同時代的あるいは同ジャンル的共通性が見いだせる[*93]。

ハープ、チェレスタ、太鼓、箏、篳篥といった和楽器と洋楽器の混淆によって、芥川は作品世界を彩る音色を実に多彩なものとしている。とりわけ、その傾向は物語の主要人物である袈裟《けさ》（京マチ子）と盛遠《もりとお》（長谷川一夫）にまつわる場面で顕著である。作品の冒頭、袈裟がはじめて登場する場面を見てみよう。焼き討ちに遭った御所で、康忠《やすただ》（香川良介）が上西門院の身代わりとして牛車に乗り込む女官を募るが、名乗り出る者がいない。康忠が何度か強く求めたところ、ある女官がそれに応じて姿を現し、袈裟と名乗る（0:04:10-0:04:48）。

93 早坂のこれらの映画音楽については、秋山邦晴および長門洋平の先行研究に詳しい。

この場面では、御簾の陰から飛び出す袈裟の姿（図Ⅵ-1）にはハープの急峻なアルペジオが重ねられ、袈裟の躍動感と清楚さの両面を一瞬のうちに観客に提示させている。また、袈裟は箏を巧みに奏でる人物として描かれ、劇中で清盛（千田是也）や夫・渡《わたる》（山形勲）の求めに応じてしばしば演奏を披露する。終盤、袈裟が渡の身代わりとして盛遠に斬られたあと、妻のもとに駆け寄った渡が「あれが別れか！」と嘆く（1:22:22）場面では、死に臨んだ袈裟が奏で「なぜそんな悲しい曲を弾くのだ」と渡が述べた箏の調べ（1:09:05-1:09:54）の一部がふたたび流れ、箏の音色がフラッシュバックのように用いられている。楽器分類学においてはどちらも撥弦《はつげん》楽器に分類され、音色も似通うハープと箏を併用することで、洋楽器と和楽器の区別を曖昧にした音楽設計がなされているといえる。

図Ⅵ-1　『地獄門』0:04:36

図Ⅵ-2　『地獄門』0:23:15

同時に、洋楽器とは異質な響きを持つ和楽器も用いられている。物語の前半、平治の乱が収まったあと兄の墓参りに訪れた盛遠は、おばの佐和（毛利菊枝）を伴った袈裟と偶然再会する（0:23:09-0:25:35）。シークェンスのファースト・カット、盛遠の主観ショットのように撮られた画面（図Ⅵ-2）に、甲高い篳篥の音色が聞こえてくる。去っていく袈裟たちを食い入るように見つめる盛遠に、小源太（田崎潤）が「盛遠、よほど気に入っている女と見えるな」（0:25:36-0:25:40）と声をかけるとこの音色が途絶えることからも、篳篥の響きは袈裟に関係する動機、具体的には盛遠の袈裟に対する執着心のモティーフとして用いられていることがわかる。篳篥の音色は、清盛に自分の心を試されたと嘆く袈裟を渡がなだめる場面（0:42:07-0:44:41）や、矢も楯もたまらなくなった盛遠が渡の邸を訪ねて袈裟に会わせてほしいと迫り、おばの家にいると嘘を教えられて馬を走らせる場面（0:52:19-0:55:05）、騙されたと知った盛遠がおばを脅して袈裟をおびき出す場面（0:57:15-0:58:08）、夜討ちに繰り出す盛遠と袈裟が眠る渡に別れを告げ寝室へと向かう場面（1:12:53-1:14:39）でも聴くことができる（なお、盛遠が袈裟をおびき出す場面には、篳篥とともに後述するむちの音色も用いられており、その点でも重要である）。洋楽器とは明らかに異質なその音は、盛遠の袈裟に対する底知れぬ執念とそれに対する袈裟の怯え、そして物語の破滅的結末を巧みに暗示している。響きをときには同質化させ、ときには対立させながら和楽器と洋楽器の両方を等しく用いることで、芥川はきわめて豊饒な音響世界を劇中に作り出しているのである。

（四）とともに共時的特徴として挙げられる（五）も、早坂が同時期に手がけた映画音楽からの影響が顕著にうかがえる。『地獄門』の終盤、盛遠が夜討ちをかける場面で、寝ている渡（実際には、そこには彼に代わって袈裟が寝ている）にまさしく斬りかかろうとする盛遠の姿（図Ⅵ-3）に轟くような音響が被さる（1:18:35-1:18:41）。

ここに『地獄門』の公開（一〇月三一日）に先立つこと七か月前（三月二六日）に公開された『雨月物語』の音楽実践からの影響が指摘できる。すなわち、若狭（京マチ子）と右近（毛利菊枝）が実は物の怪だということを老僧から知らされたうえに背中に経文を書き込まれた源十郎（森雅之）が、ふたりに暇乞いを拒まれ、さらには背中の経文に勘づかれて責められる「朽木屋敷」の場面の音楽演出である。逆再生された銅鑼《どら》の音響が鳴り響いた直後に、右近によって衣服を脱がされ露わになった源十郎の背中のショッ

図Ⅵ-3 『地獄門』1:18:40

図Ⅵ-4 『雨月物語』1:16:39

ト（図Ⅵ‐4）に切り替わる（1:16:33-1:16:37）。

この場面の音楽処理は、フィルムに記録された音声に加工を施しているという点で、「録音・変調・編集によって音楽作品を作ろうと」（柴田、七三頁）するミュジック・コンクレートの一種であるといって差し支えなかろう。『地獄門』における当該音響が、『雨月物語』の銅鑼の音と同じくフィルムの逆再生によって得られたものであるかどうかは、映像ソフトを観た限りでは判然としない。しかしながら、急激なクレッシェンドと唸りを伴った打楽器の音響は『雨月物語』の銅鑼の音に類似しているだけでなく、過剰な残響が加えられていることも確認でき、原音から何らかの変調ないしは加工が施されていることは明白である。ゆえにこの音響も、『雨月物語』の銅鑼の音と同じくミュジック・コンクレート的な音楽語法を用いたものだといえるのである。また、この音響によって緊張状態が高められ、場面が異様な雰囲気に彩られているという点でも、『雨月物語』における銅鑼の音の逆再生と同等の効果を出すことに成功していると考えられる。[*94]

続いて、（一）（二）（三）に挙げられる通時的特徴をみてみよう。

（一）については、映画音楽や演奏会用作品の別を問わず芥川の作品全体でしばしば指摘される音楽的特徴であり、『地獄門』においても、開巻劈頭のメイン・タイトルが緩やかなテンポのうちに比較的短いフレーズを繰り返し、「同一音型（旋律型やリズム型）を執拗にくり返して用いる」（海老沢ほか［監修］、一〇二頁）オスティナートの特徴を如実に示している。また、曲を通して断続的にむちの音色が挿入されるメイン・タイトルの音楽は、（二）の点においても重要性を持っているといえる。というのも、芥川が

94 付言すると、この頃の芥川はテープ音楽やミュジック・コンクレートに対して並々ならぬ関心を寄せていたことがうかがい知れ、いくつかの演奏会用作品や映画音楽にその痕跡が見いだせる。演奏会用作品としては、テープと室内オーケストラのための《マイクロフォンのための音楽》（一九五二年）があり、映画音楽でも『夜の終り』においてミュジック・コンクレートに基づく音楽設計（あるいは音響設計）を試みている。また、『地獄門』の六年後の一九五九年に公開された『男性飼育法』においてもミュジック・コンクレートを用いており、後年の芥川作品における音楽語法の展開を考えるうえでも、この作品の音響設計は注目に値する。

手がけた映画音楽には、しばしばむちの音色が登場するからである。たとえば、《赤穂浪士のテーマ》には、全曲にわたって断続的にむちの音色が打ち込まれる。そして、物語の厳しさをむちの音色に託して表現した点が高い評価を得たのである。前述の通り、芥川はむちの音色をしばしば映画音楽に用いており、『花のれん』や『地獄変』といった作品では、むちの音色が物語のうえで重要な役割を担っていることが確認できる（第四章を参照）。そして、芥川が好んで用いたこの楽器の音色は、他ならぬ『地獄門』においてはじめて登場したと考えられる。つまり、芥川こそ日本の映画音楽にいち早くむちの音色を取り入れた作曲家だといえるのである。

当時の関係者たちの証言をひも解くと、『地獄門』におけるこのむちの音色はカンヌでも注目を集めていたことがうかがい知れる。この作品が賞を受けた第七回カンヌ国際映画祭には、日本代表として芥川の盟友である團伊玖磨が参加していた。團は作曲家のジョルジュ・オーリック（一八九九―一九八三年）から、『地獄門』の音楽に時折挟まれる「パチッパチッ」という特徴的な音色を発する楽器についての質問を受けたものの楽器名がわからず、帰国後に芥川からこの楽器が革製のバンドを改造した手製のむちであるということを聞かされ驚いたという（『音楽の世界』一九七七年六月号、二二一―二二三頁）。このエピソードから、ふたつの重要な点が浮かび上がる。すなわち、『地獄門』におけるむちの音は当時フランスのみならずアメリカやイギリスでも多数の作品を手がけていた第一線級の映画音楽作曲家から高い関心を得ていたということ、そしてその音色は芥川と近しい存在だった團さえ予想し得ないような芥川の独創性の賜物だったということである。国内外の映画音楽で、むちの音色が広く注目された例はおそらく『地獄門』以前にないと考えられ、これらのことからも、むちの音色を含んだ本作の音楽の重要性を説明することができるだろう。

（三）は先行研究によって数多く指摘されてきた芥川の音楽作品全体に通じる特徴である。モティーフの流用という特徴は、芥川の創作史における『地獄門』の位置づけを考えるうえで重要である。なぜならば、そのことを通して、芥川が『地獄門』の音楽と同時期に並行して作曲していた他の演奏会用作品——具体的には《交響曲第一番》——との強い繫がりが見いだせるからである。次節では、このことについて詳しく検証する。

第三節　『地獄門』と《交響曲第一番》——その共通性

第三節第一項　「嘆き」の主題系

本節では、『地獄門』の音楽と芥川の《交響曲第一番》が持つ共通性について検証する。《交響曲第一番》は、楽曲の規模や内容の充実度に鑑みて、芥川の創作第一期の掉尾を飾るにふさわしい作品である。同曲は、まず《交響曲》として一九五四年一月二六日の「3人の会」第一回演奏会で芥川本人の指揮、東京交響楽団の演奏によって初演された。初演後、三楽章制だった楽曲を四楽章制にするなどの全面的な改訂が施されただけでなく、作品題も当初の《交響曲《シンフォニア》》から《交響曲第一番《プリマ・シンフォニア》》に改められ、翌一九五五年一二月八日の東京交響楽団第七四回定期演奏会で上田仁の指揮によって改訂初演が行われ、現在演奏される形となった。

《交響曲第一番》には、全体を貫く循環主題が存在する（譜例Ⅵ-1）。芥川が日ソ国交回復の二年前である一九五四年に単身モスクワの作曲家連盟を訪問するほどまでにソヴィエト音楽に傾倒していたことはよく知られているが[*95]、楽曲の中心にひとつのモティーフを据えて全体に統一性を持たせるこの手法は、同国の代表的作曲家のひとりで芥川が訪ソの折に直接面会の栄に浴したショスタコーヴィチが好んで用いたものである。

この作品を当初《交響的嘆歌》として作曲したとする芥川本人の証言[*96]からもうかがえる通り、「嘆き」はこの曲に通底するテーマである。『地獄門』においても、《交響曲第一番》の循環主題から派生したモティーフ（譜例Ⅵ-2）が「嘆き」の要素を仮託されて用いられている箇所を見いだすことができる。物語の終盤、盛遠が渡と誤って袈裟を殺めてしまい、渡と対峙する場面の音楽がそれである。盛遠は渡に自分を殺せと迫るが、渡はそれではあとに残される自分の気持ちがすまないと返す。それを聞き共感した盛遠が、みずからも生きながらえて罪を償う決意をし、髷《まげ》を刀で削ぎ落とし出家を宣言する。それにすぐ続いて、観客はこのモティーフを耳にする（1:26:58-1:27:24）[*97]。

芥川が『地獄門』の約四半世紀のちに手がけた『八甲田山』（森谷司郎監督、一九七七年）にも、このモティーフと類似する音型（譜例Ⅵ-3）が用いられ、「嘆き」の主題として機能していることが確認できる。このモティーフはあたかも雪中行軍に挑む兵士たちの悲劇的末路を暗示するかのごとく本篇の随所で用いられるが、物語上の大きな転

95 ソヴィエト訪問の顛末は、芥川一九八一などに詳しい。

96『芥川也寸志 作品集』（フォンテック、二〇一一年）、CD1・トラック9「自作と新響を語る」において、「楽壇音楽史的に申しますと、ちょうど『3人の会』という作曲家のグループができまして、團伊玖磨さんと黛敏郎さんと私が一回目の演奏会をしましたのが昭和二九年なのですが、そのときに《交響的嘆歌》という、『嘆』きの『歌』というのを書きまして、それをのちに、翌年改作しまして、[……]ひとつの楽章を付け加えまして、交響曲にしたわけでございます。当時まあ、大変多感な青年だったというせいもございますけども、非常に、なんか先行き不安を感じておりまして[……]大変、暗い感じが覆っております。」（0:08:45-0:09:37）という芥川の発言がある（文字起こしにあたり、発言の冗長な部分は省略し、話し言葉の表現等を改めた）。

譜例Ⅵ-1（譜例Ⅲ-5に同じ）《交響曲第1番》循環主題（第1楽章30-32小節目、Vn.）

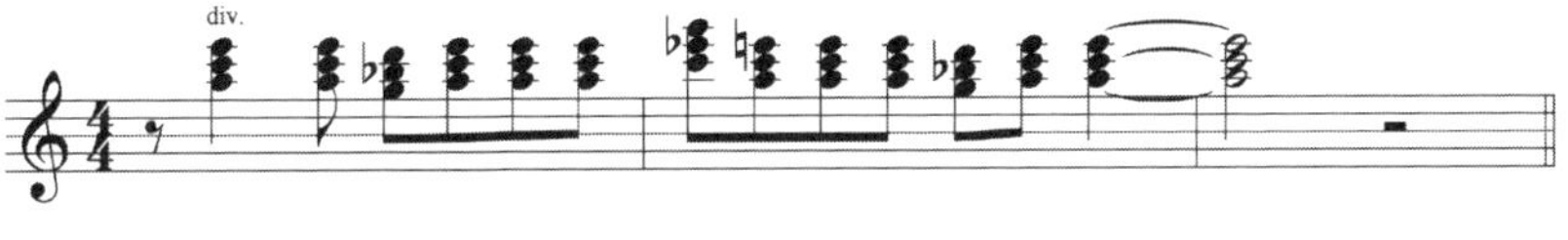

譜例Ⅵ-2 『地獄門』における《交響曲第1番》循環主題変型（1:26:58-1:27:06）

譜例Ⅵ-3 『八甲田山』における《交響曲第1番》循環主題変型（1:49:25-1:49:37）

97 このモティーフは、冒頭の「平治の乱」の場面でも演奏される（0:04:50-0:05:25）。ここではテンポがいくぶん速く、一見したところ「嘆き」とは関係がないように思える。しかし、走り去る牛車とそれを追いかける軍勢を俯瞰で捉えたカットに続き、疾駆する牛車の車輪のショットを挟んで、上西門院の身代わりとして車内にいる袈裟のショットに至るまでモティーフが演奏されることを踏まえれば、戦の続く乱世に対しての嘆きや袈裟の置かれた状況に対しての不安や嘆きがこのモティーフに仮託されていると解釈することは、決して牽強付会ではあるまい。

換点、具体的には神田大尉（北大路欣也）が隊の置かれた状況に絶望する場面で特に効果的に用いられている。

　力尽きて次々と雪原に斃《たお》れていく隊員たちのロング・ショット（図Ⅵ-5）、神田大尉を前景に据えたミディアム・ショット（図Ⅵ-6）、倉田大尉（加山雄三）のクロースアップ（図Ⅵ-7）、セミ・クロースアップからズームしていく神田大尉のクロース

図Ⅵ-5　『八甲田山』1:49:25

図Ⅵ-6　『八甲田山』1:49:41

図Ⅵ-7　『八甲田山』1:49:46

図Ⅵ-8　『八甲田山』1:50:08

アップ（図Ⅵ‐8）によって構成されたシークェンスで、このモティーフの変型が金管楽器によって荘重に奏される。そして、金管楽器の調べが途切れ弦楽器による別のモティーフが登場するに至り、神田大尉は「天は……天は我々を見放した……」と口にする（1:50:05-1:50:14）。

隊を取り巻く絶望的状況がこのモティーフによって最大限に高められ、神田大尉は作品中もっとも高い知名度を誇り、しばしば『八甲田山』という作品名とともに引き合いに出されるこの有名な台詞を吐くに至るのである。ここに『地獄門』での「嘆き」の音楽演出が、後年の作品においても受け継がれていることが確認できる。

第三節第二項　「門出」の音楽

『地獄門』の音楽と《交響曲第一番》の共通点は、「嘆き」の主題系だけに限らない。それを解明する鍵となる事項が、前項で触れた「3人の会」の結成である。「3人の会」は一九五三年に結成されたが、その年、芥川・團・黛の三人がそれぞれ映画の仕事のために滞在していた京都で偶然出会ったことが結成の契機になったと当事者たちが証言している（芥川一九八一、五〇頁）[*98]。

ここで踏まえておかねばならないことは、彼らは「3人の会」の結成によって一躍有名になったのではないということである。会の結成時点で、三人はすでに若手音楽家としてある程度の知名度があり、彼らが新たなグループを結成したことが大きな反響を呼んだのだ。先に述べた通り、芥川と團はともに一九五〇年に開催されたＮＨＫの管弦楽

98　三人が一九五三年に手がけた京都での製作作品を概観すると、黛が五月一三日公開の『新書太閤記　流転日吉丸』（萩原遼監督）、團が六月三日公開の『獅子の座』（伊藤大輔監督）、そして芥川が一〇月三一日公開の『地獄門』であることから、三人の京都での邂逅は一九五三年五月頃と推定される。なお、團は「3人の会」が結成されたのは『大佛開眼』（衣笠貞之助監督、一九五二年）の音楽のため京都に滞在していたときだと証言している（團二〇〇二、七六頁）が、同作は一九五二年一一月一三日公開であり、時期に整合性がない。『大佛開眼』にせよ『獅子の座』にせよ、前者は衣笠貞之助、後者は伊藤大輔という当時トップクラスの扱いを受けていた監督たちが手がけた大作であるため、團が両者を混同して記憶していた可能性は十分に考えられる。

コンクールで特選入賞を果たしている。また、團は一九五二年に初演された歌劇《夕鶴》が高い評価を得、同年ビクターによって短縮版がレコード化されている。[99] そして、黛は東京音楽学校の卒業作品として一九四八年に作曲した《一〇楽器のためのディヴェルティメント》が一九五〇年に日本コロムビアからレコード化されるだけでなく[100]、一九五一年には矢代秋雄（一九二九—七六年）らとともにフランス政府の給費留学生としてパリ国立高等音楽院への留学も経験している。会の結成以前に、音楽界でひとかど以上の知名度と実績を誇っていた三人が、当時第一級の演奏会場であった日比谷公会堂で大編成の管弦楽作品のみで構成されたプログラムで演奏会を催すという報せは、当然ながら広く世間の耳目を集めるところとなる。室内楽作品が主体であったそれまでの作曲家の作品発表会とは趣をまったく異にする彼らの活動は、「彼らの存在の華々しさ、若々しさ、戦時以来なかなか拭い去れずにきた日本人の貧乏な雰囲気をようやく克服するようなよく身についた豊かさ」ゆえ「日本の音楽界に真の戦後を切り拓いた」（片山二〇〇八、一四七頁）という評価を得るに至った。

かくして鳴り物入りで開催された「3人の会」の第一回作品発表会において、團は《ブルレスケ風交響曲》、黛は《饗宴》、そして芥川は《交響曲《シンフォニア》》を披露している。前項で分析した通り、《交響曲第一番》と『地獄門』には「嘆きのモティーフ」が共通して用いられている。映画では盛遠の「一念発起の門出」[101]に際して「嘆きのモティーフ」が演奏されたが、会の「門出」となる演奏会に、芥川は他ならぬ——『地獄門』と同じく「嘆きのモティーフ」が登場する——《交響曲第一番》（のプロト・タイプ）を携えて登場

99 当時発売された七八回転（SP）盤の規格番号はNH-2032/2035。この音源はLP盤でも同時発売されている（規格番号：JL-3）。

100 当時発売された七八回転（SP）盤の規格番号はA1055/6。『ロームミュージックファンデーション　SPレコード復刻CD集　第四集』（日本音声保存、二〇〇九年）にてCD化されている。

101 『地獄門』において盛遠が発する台詞（1:26:51）に拠る。

102 東映太秦映画村・映画図書室（京都市右京区）には、おそらく大映京都撮影所の関係者の旧蔵品と推定される、本作の宣伝資料を数多く貼付したスクラップブックが所蔵されており、筆者はその資料を「京都大学人間・環境学研究科人文学連携研究者」のための研究調査の一環として閲覧調査した。資料閲覧にご協力いただいた東映太秦映画村・映画図書室のスタッフのみなさま、ならびに人文学連携研究者の受入教員を務めてくださった京都大学の木下千花教授には、この場を借りて厚く御礼申し上げる。

したのである。

『地獄門』と《交響曲第一番》の関係を考えるうえで、共通のモティーフが用いられていること以外に重要なことは、両者が生み出された時期である。『地獄門』の公開は一九五三年一〇月三一日だが、製作自体は同年八月頃に開始されている（山口［編］、二七一頁）。また、製作時に発行されたプレス・シート[*102]「地獄門　特報　1029號」には「八日間にわたる上賀茂神社の『競馬場シーン』の華やかなロケを最後に、全クランクを終了、直ちに音楽監督芥川也寸志指揮によるダビングを開始」「七月三〇日クランク開始以来、九〇日間の撮影日数」とあることや、大阪フィルハーモニー交響楽団の映画録音記録（小野寺／岡［編］、一二一頁）を踏まえると、音楽の録音作業は一〇月二三日に完了したと推定される。[*103] したがって、芥川が作曲に従事したのは製作が開始された八月頃から一〇月二三日までの間と考えられる。一方、《交響曲第一番》はその原型である《交響曲》が一九五四年一月二六日の「3人の会」第一回演奏会で初演されていること、さらには、西川尚生によれば《交響曲》の自筆譜（スケッチおよびスコア）の表紙にそれぞれ「一九五四」の書き込みがある（西川、六一頁）ことからも、一九五四年初頭には作曲が完了していたと推定される。以上を踏まえれば、『地獄門』が《交響曲》に僅かに先行して作曲されたということになり、作曲時期が近接する二作品間でモティーフの流用が見られるということになる。ただし、このことをすぐに単なる「使い回し」として否定的に扱う必要はまったくない。先に示したように、彼は『地獄門』のクライマックスで用いたモティーフを、同時期に手がけた演奏会用作品に「嘆き」という共通

103　小野寺／岡［編］の演奏録音リストには「録音月日」「作品名」「撮影所」「備考（主にプレスコアリング＝プレスコか否か）」「録音時間（朝・昼・夜・徹夜の区分）」の欄があるが、一九五三年度（一九五三年四月から一九五四年三月まで）は「作品名」がすべて「不明」になっており、どの作品の音楽がいつ録音されたのかという確証を得られない（一九五〇年度、五一年度、五四年度も同様）。したがって、本書では『地獄門』の公開日である一〇月三一日からもっとも近くで大映作品の音楽録音が行われた記録のある一〇月二三日を録音日と推定した。ただし、通常の映画音楽の録音は複数の日程にわたって行われるだけでなく、音楽をもとにしての演技が求められる場合などは、しばしば前もってプレスコが行われる。この作品においても、たとえば厳島神社で披露される舞楽などでプレスコが行われた可能性が高いため、一〇月二三日はあくまで音楽録音の最終日であると考えるのが妥当だろう。なお、九月二九日に大映作品のプレスコが行われた記録があるが、一九五三年中で大映作品のプレスコが行われた記録が残るのはこの日と四月二四日だけであり、九月二九日が『地獄門』のプレスコ日であると推定される。

する主題を担わせて流用しているのは明らかであり、流用が彼の積極的な創造行為に起因するものであることがうかがえるからである。このように、戦後の日本音楽史の新たな局面を切り拓いた「3人の会」の門出の場に芥川が披露した意欲作と同時期に生み出され、なおかつ同じモティーフを持つ『地獄門』の音楽は、日本映画史のみにとどまらず日本音楽史にも重要性を持つ。

第四節　映画史と音楽史の交差点としての『地獄門』

本章で明らかにしたように、和楽器と洋楽器の混淆やミュジック・コンクレートなどのさまざまな音楽語法を駆使して、芥川は『地獄門』の音楽を作り上げた。そして、そこに見いだせる複数の音楽的要素が彼の後年の映画音楽においても継続して出現するということから、この音楽は芥川の創作史のうえで欠くべからざる重要な作品であるといえる。それだけでなく、この音楽は彼が同時期に手がけた《交響曲第一番》と密接な繋がりを持っており、そこから芥川が結成した作曲家グループ「3人の会」との影響関係もうかがい知れ、戦後の日本音楽史との繋がりという視点からもこの作品の重要性が見いだせるのである。これは『地獄門』を巡る従来の議論からは導き出し得なかった視点であり、映画史と音楽史の交差点に本作を位置づけることは、「『赤い靴』や『黒水仙』、『ホフマン物語』などでは味わえないロマンティシズムとエギゾティシズム」（津村、四九—五〇頁）といった、色彩表現に基づくオリエンタリズム的評価を覆す革新性を持っているはずだ。

本章を結ぶにあたり、『地獄門』の音楽がこれまで省みられてこなかったことについて改めて考えたい。その原因にはいくつかの理由が挙げられるが、日本国内での作品評価の低さと、映画に関わる批評家・研究者たちの音楽あるいは音に対する関心の少なさという二点が主なものだといえる。まず一点目について考えよう。『地獄門』のカンヌでの受賞は、日本側からは困惑を伴った驚きで迎えられた。この作品が日本で公開された当時の作品評価は、おおむね以下のようなものだったからである。いわく、「日本で最初のイーストマンのカラア・フィルムを使用したものでなるほど色彩効果は欧米に出しても恥しくないものではあったが——何しろ映画作品としては拙劣である」（津村、四八頁）。このような津村秀夫の批評に象徴されるように、国内では低評価に晒された本作が海外の国際映画祭で最高賞を得たことは、国際映画祭の審査の正当性に対する疑義や、今後いかなる作品を日本代表として出品すべきかといった議論まで呼び起こすほどの衝撃をもたらした（津村、四九—五一頁）。このことは、『地獄門』が従来あくまで映画技術の記念碑的作品としての評価に甘んじてきたことの裏返しに他ならない。二点目については、引用を繰り返して映画の音楽あるいは音をめぐる議論の現況について改めて言い立てる必要はないだろう。ただし、前掲の津村による作品評においても、『地獄門』に先立って日本映画の国際進出の嚆矢となった『羅生門』の音響については「音楽も日本映画としては比較的良く録音も幸いウェスターン・システムであった」（津村、四八頁）と好意的に評価する一方、『地獄門』については音に関して一切言及していないことは指摘しておきたい。ここまで見てきたように、ミュジック・コンクレート的な音楽語法をも取り込んだ芥川の音楽設計は単なる「エギゾティシズム」の枠に留まらぬものであり、その音響的特徴に言及できなかった津村は片手落ちであると言わざるを得ない。これらの理由が相乗しあって、そして芥川が本作以外の映像音楽、たとえば同じ年に製作された『煙突の見える場所』、あるいはＮＨＫ大河ドラマ『赤穂浪士』のテーマ音楽などで観客に強い印象を与えたことも加わって、『地獄門』の音楽は忘却の彼方へと追いやられたのである。

結語

「超スタジオ・システム的存在」としての作曲家、その代表としての「3人の会」

スタジオ・システム期の日本映画において、音楽関係のスタッフは「協定」の拘束から比較的自由であり、会社間の流動的な移動が可能だった。その理由には、主として音楽の専門技能を持った人材が足りなかったということが大きいと考えられる。そして、音楽関係のスタッフの中でも作曲家は、映画作品に楽曲を提供するだけでなく、ダビング作業においてもみずから指揮を担当したり、さらには映画音楽の録音のために演奏家を差配したりするということにおいても重要な役割を担っていた。筆者は本書において、作曲家たちを筆頭とした映画に携わった当時の音楽家たちを、先行研究に基づき「超スタジオ・システム的存在」と位置づけた。映画産業と深く関わりながら、程度の差こそあれあくまでもそこから自由であるという特殊な立ち位置は、音楽家という特殊な技能が求められる職業ゆえである。

そのような中、芥川也寸志は「3人の会」を結成し、映画音楽の仕事をメンバーたちと分配しあうことで「超スタジオ・システム的」存在としての作曲家としての振る舞いを積極的に行い続けた。そもそも「3人の会」は会の発足時から映画と密接な関係を保っており、その点を踏まえれば、ときには「散人の会」と揶揄されることのあった「3

人の会」が作曲家グループとしての団結力をもっとも強く発揮したのは、彼らが催した作品発表会ではなく、他でもない映画音楽での共同作業だったのだ。「3人の会」は映画音楽の互助組織のような役割を担い、三人の作曲家たちの「超スタジオ・システム的共闘」の場として機能していたのである。

芥川也寸志の映像音楽におけるモティーフの流用
――超スタジオ・システム的実践として

そして、「3人の会」のメンバーの中でも、芥川は彼個人の創作活動のレベルにおいても「超スタジオ・システム的」実践を行っていたといえる。彼は同一モティーフを複数作品へ流用させることによって、個人の創作においても超スタジオ・システム的存在としての作曲家の存在表明を積極的に行い、同時にみずからの映画音楽語法を深化させる試みを行い続けた。そのきわめて独特な取り組みは、日本映画音楽史上において稀有な位置を占めるものとして、再評価に値する。

芥川の音楽作品における改作やモティーフの流用の多さは先行研究でも指摘されてきたことだが、その特徴は映像音楽でより顕著である。その最たる例が《赤穂浪士のテーマ》である。彼の音楽作品全体の中でももっともよく知られたこのモティーフは、NHK大河ドラマ『赤穂浪士』に用いられる以前に、すでに他の映像作品で三度流用されていることが見て取れ、『赤穂浪士』を含めて四つもの異なる作品で《赤穂浪士のテーマ》が使われたことになる。

本書でもすでに幾度も述べたが、ある作曲家が自作のモティーフを他の作品に流用する行為自体は、古今東西の音楽史上でごく当たり前に行われてきた。一方で、芥川のモティーフの流用、わけても《赤穂浪士のテーマ》の例が音楽史上に特筆されるべき点は、その回数の突出した多さと、流用される作品のジャンルの多様性である。「スタジオ・システム」という視点を通してこれらの作品を見直すと、さらに興味深い事実が浮かび上がる。すなわち、流用される作品はそれぞれ製作会社が異なっているのである。新東宝、宝塚映画、大映、そしてNHKまでも含むこの組み合わせは、「五社（六社）協定」によって移動が厳しく制限されていた、そして映画とテレビがようやく歩み寄りを見せつつもいまだに対立関係にあった当時の日本の映像産業において異例なことである。ここから浮かび上がるのは、前述した「超スタジオ・システム的存在」としての作曲家である。作曲家は他のどのスタッフにもまして「協定」から自由であり、さらには会社や媒体（映画／テレビ）の垣根までをも軽々と越えた活動を行っていたのである。これら四作品に関わっていたスタッフのうち、共通する人物が芥川ただひとりであるという事実は、その主張の強力な裏づけとなろう。

また、芥川のモティーフの流用は、彼個人の映像音楽の創作活動においても重要な役割を担っている。一見無節操にさえ思えるモティーフの流用に、芥川が自身の理想とする映画音楽語法を探求すべく奮闘した痕跡が垣間見えるからである。

一九七八年のインタビューにおいて、自身の理想とする映画音楽が、映像との同期性を重視する音楽から必ずしも同期性を重視しないものの観客の印象に強く残る「テーマ音楽」的なものへと変貌していったと芥川が告白したことは、第四章に引用した通りである。黛が『月曜日のユカ』（中平康監督、一九六四年）で単一のテーマ曲によって全篇を一貫させる手法を取ったことについて、「当時としては、あまり行われていなかった。［……］同じ曲を使うと手を抜いたと思われる時代だった」（貝山［構成］二〇〇〇、頁数なし）と証言するように、当時の映画音楽の実践において主流とはみなされていなかったテーマ音楽的な音楽設計を、モティーフの流用に仮託させる形で試みていった芥川は、映画音楽の新しい試みに先鞭をつけたともいえるのだ。

より詳しくいえば、芥川映画音楽におけるモティーフの流用は、芥川がテーマ音楽的音楽設計を表だって実践しはじめる時期に僅かに先行し、なおかつモティーフの流用が行われた作品相互間の主題論的一貫性も見いだせる。そして、モティーフの流用を盛んに行っていた時期とは、芥川の映画音楽美学が映像との同期性を重視するものからテーマ音楽の強調へと傾いていく揺籃期であり、映画音楽美学の成熟への道を切り拓いた時期といえるのである。また、芥川が映画においてモティーフを積極的に行いはじめた契機として、『欲』の製作中、監督から『煙突の見える場所』のメイン・テーマをラスト・シーンに使いたいと求められた出来事があることも特筆すべきである。むろん、自作品の引用や改作は芥川の演奏会用作品にも顕著に見られ、彼自身の性質として元来備わっていたものだともいえるだろう。しかし、そのきっかけはあくまでも映画の側、具体的には彼が敬愛する映画監督からの働きかけがあったことは繰り返して強調しておきたい。この出来事から、この手法が短時日で作り上げる映画音楽の製作実態ときわめて高い親和性があることを見抜いた芥川は、映画においてモティーフの流用を演奏会用作品を遥かに凌駕する規模で行ったと考えられるのである。言うなればモティーフの流用は、映画界と密接に結びついた芥川が——もちろん、ややもすれば粗製濫造になりかねないリスクがあることも十分に認識しつつ——引きも切らずにやってくる仕事をこなすために編み出した創作手法といえるのだ。

芥川はその音楽人生の大半で映画音楽に携わり続けた。その占める位置は、彼の演奏会用作品よりもずっと大きなものであり、それを取り上げることなしに彼の芸術を語ることはできない。そして、実験的あるいは意欲的な音楽語法を用いて、「違反を恐れる制限速度のドライヴィング」に堕してしまいがちな日本の映画音楽に風穴を開け続けた。従来否定的な意味に取られがちであったモティーフの流用を徹底して行うことで、作家性の刻印へと昇華させたことこそ、その取り組みの真髄である。その音楽世界は決して「使い回し」や「画一的」といった言葉で片づけられるような単純なものではなく、われわれが想像するよりも遥かに複雑で精妙なものであるのだ。

あとがき

長くなってしまうが最後に書いておきたい。

思い起こせば、私が芥川也寸志の音楽にはじめて接したのは高校一年の時分、NHKの「クラシック倶楽部」でピアニストの岡田将《まさる》氏が《ラ・ダンス》を弾くのを見たときである。あるいはそれと同時期に、クラスメートの尾崎くんからナクソスの「日本管弦楽名曲集」——「源氏物語絵巻」がジャケットを飾るあのCD——を借りて沼尻竜典氏の指揮する《交響管弦楽のための音楽》を聴いたときかもしれない。ともかく、その頃「日本のゲンダイオンガク」と言えば武満徹の《ノヴェンバー・ステップス》あるいは矢代秋雄の《ピアノ協奏曲》といったやたらとおどろおどろしい作品しか知らなかった私にとって、芥川の都会的でスマートな、まるで二〇世紀のソヴィエトの作曲家のようなリズミカルな音楽は衝撃的だった。

爾来、私にとって芥川は好きな日本人作曲家のひとりであり続けたが、彼の映画音楽にまで興味が向くことはなかった。芥川の音楽にはじめて触れたのと同じ頃、これまたNHKで見た『雨に唄えば』（ジーン・ケリー／スタンリー・ドーネン監督、一九五二年）がきっかけで古典映画にも興味を持ちはじめていた。しかし、当時の私にとっての憧れはハリウッド・ミュージカルであり、ピカピカのテクニカラーとマルチチャンネル音声が輝きを放つそれらに比べて、雨降りの白黒画面とよれたモノラル光学録音が少なくない（とその頃の私が感じた）日本映画はみすぼらしさばかりが際立ち、まるで見る気がしなかった。しかし、卒業論文執筆を控えて日本映画の古典を本格的に見はじめ、さまざまな古いフィルム映像を見聴きして眼と耳が鍛えられはじめた途端、それらはすばらしく豊かな体験をもたらしてくれた。

私に日本の映画音楽のすばらしさを開眼せしめたのは團伊玖磨である。彼の代表作『無法松の一生』（稲垣浩監督、一九五八年）の音楽に惚れ込んだ私は、その情熱の冷めやらぬまま、稲垣の一九四三年版と一九五八年版の新旧『無法松』を、西梧郎と團の音楽を軸にして比較分析するという荒唐無稽な内容で修士論文を仕上げた。そして、進学した博士後期課程で考えあぐねた末にひり出した題目が芥川也寸志の映画音楽だった。芥川は團と同じく「3人の会」で活躍していたし、黛に比べても先行研究がほとんどなくやりがいがあるのではないか……という安直な理由からだったが、いざ研究をはじめると実に奥深く複雑な世界が横たわっており、その深みから抜け出せず現在に至っている。

私がはじめて見た（聴いた）芥川の映像音楽は何だったか、いまとなってははっきり思い出せない。おそらく、大学院入試を考えはじめた頃に『地獄門』のデジタル修復版をテレビで見たときだったと思うが、そのときはノイズ・リダクションが過剰に行われて音のニュアンスがまるで感じられない〝修復〟の出来栄えに憤慨したことばかりが強く印象に残っており、芥川の音楽そのものには注目できていなかったはずである。そのうちに、《赤穂浪士のテーマ》の元ネタが別の映画にあるらしいということは方々で見聞きするようになり、その映画『たけくらべ』を見たことが、本書のテーマのひとつであるモティーフの流用を探索しはじめるきっかけとなった。しかしこれが泥沼の入り口で、「《赤穂浪士のテーマ》は『花のれん』でも流れるよ」と先輩研究者からうかがったり、『ぼんち』を見ているときに一瞬だけ（それも対旋律が）顔を覗かせる《赤穂浪士のテーマ》に驚いたりしているうちに、実は《赤穂浪士のテーマ》以外にもいろいろな映画に何度も出てくる旋律が多数あることに気がつき、果ては「音楽：芥川也寸志」のタイトルが出る作品は、目はともかく耳は全神経を集中させて鑑賞するという仕儀に至ったのだった。この期間は、六年間在籍した博士後期課程の前半三年間は続いただろうか。

このような血の滲むような（？）努力の結果生まれた本書だが、残念ながら私自身は芥川が携わったすべての映画作品を鑑賞できてはいない。実際に、『えり子とともに』などの初期作品や鑑賞機会の限られる記録映画をはじめとして、プリントの所在がわからなかったり、状態が悪かったりして映写不能になっている作品も少なからず存在するのだ。おそらく、本書で指摘しきれていない芥川のモティーフの流用例が、どこかにきっと潜んでいるはずである。

本書は筆者が二〇二〇年度に京都大学に提出した博士学位論文をもとに、章立ての変更をはじめとする大幅な加筆修正を経て書籍化したものである。なお、出版に当たっては「令和六年度京都大学人と社会の未来研究院若手出版助成」を受けた。序言と結語を除く各章の初出情報は、おおむね以下の通りである。

第一章　博士論文書き下ろし

第二章　「戦後日本映画産業と音楽家——芥川也寸志と「3人の会」の活動を例に」、『人間・環境学』第二七号（京都大学大学院人間・環境学研究科、二〇一八年）、七七—八八頁、および「戦後日本の作曲家たちと映画産業との関わり——「3人の会」の場合」、『NFAJニューズレター』第二四号（国立映画アーカイブ、二〇二四年）、

五―八頁
第三章　博士論文書き下ろし
第四章　「芥川也寸志の映画音楽語法の変遷――テーマ音楽の強調とモティーフの流用に着目して」、『人間・環境学』第二六号（二〇一七年）、九一―一〇六頁
第五章　博士論文書き下ろし
第六章　「芥川也寸志の音楽からみる『地獄門』の映画／音楽史的意義」、『人間・環境学』第二八号（二〇一九年）、八一―九二頁

……と、この手の研究書によくある通り一遍の文言を書いてみて、博士論文を提出してからいつの間にか五年近く経ったことに気がついて愕然としてしまう。

思えば、博士論文の頃から現在に至るまで、あり過ぎるぐらい多くの出来事が私の前を通り過ぎていった。コロナ禍のただ中での博論執筆、リモートでの論文公聴会、修了直後からはじまった大学での非常勤、そして何よりも現在の職場である国立映画アーカイブ（ＮＦＡＪ）への就職である。

二〇二二年五月からはじまったＮＦＡＪでの日々は、それまでとは比較にならぬほど濃密に、映画にまつわる諸事を私に経験させてくれた。業務の一環として展覧会図録『脚本家 黒澤明』『和田誠 映画の仕事』の二冊の監修に携わった。そのとき編集を務めてくださったのが、本書の編集も引き受けてくださった国書刊行会の川上貴さんである。そのきめ細かい仕事ぶり（とりわけ後者における最終盤の怒濤の追い込みには目を瞠るものがあった）は、私をして博論の書籍化の

暁にはこの人以外には編集をお願いできないと思わしめるに余りあるものだった。同様に、本書のデザインを担当してくださった村松道代さんも、ＮＦＡＪでのお仕事を通じてその的確で安定的なセンスに全幅の信頼を置くことができる方であり、迷いなくお願いするに至った。

ＮＦＡＪでの企画展運営の中で、二〇二四年度の企画として「日本映画と音楽　一九五〇年代から一九六〇年代の作曲家たち」（二〇二四年四月九日～八月二四日）を担当できたことは実りある経験だった。これを機に、芥川をはじめとした作曲家たちの功績を改めて振り返る機会を持つことができ、これまでに収集した私の個人資料も多く活用して、日本映画音楽史研究のある種の集大成的な成果発表をすることができたからである（この企画は、音楽評論家の西耕一氏、それから本書の譜例校閲をお願いした城谷伶さんをはじめとする作曲家・演奏家のみなさんのご協力の賜物であることを申し添えておく）。そしてその勢いは、四年近く塩漬けしてしまっていた博士論文の書籍化に踏み切る原動力となった。さらに、二〇二五年の芥川也寸志生誕一〇〇年がそれを後押ししたのは言うまでもない。これまでの道のりを振り返ってみて、私にとって大学院修了後の四年間は通るべくして通る道だったのだと心から思える。

最後に、これまでお世話になったみなさまに心からお礼申し上げたい。

まずは諸先生方。大阪教育大学でお世話になった卜田隆嗣先生、瀧一郎先生、近藤秀樹先生。京都大学大学院でお世話になった故加藤幹郎先生、松田英男先生、木下千花先生。博士論文の審査に加わってくださった多賀茂先生、仁井田千絵先生、長木誠司先生。それから、板倉史明先生、北浦寛之さん、羽鳥隆英さん、今田健太郎さん、長門洋平さん、尾鼻崇さん、柴田康太郎さん、白井史人さん、正清健介さん、小川佐和子さん、久保豊さんをはじめとする諸先輩方。さらに、同世代で切磋琢磨しあった朝倉一寧さん、尾崎一成さん、原塁さん、肥山紗智子さん、増田建太さん。数々お付き合いした後輩方の中では辰巳知広さん、原田麻衣さんと志賀俊亮さん。これまでお世話になった職場関係では、京都府京都文化博物館の森脇清隆さん、大矢敦子さん、東映太秦映画村・映画図書室の山口記弘さん、石川一郎さん、そして現在の職場であるＮＦＡＪの岡田秀則さん、（大学院の後輩でもある）宮本法明さんほかのみなさま。ＮＦＡＪでの仕事を通じて知り合うことのできた映画評論家・映画監督の樋口尚文さんのお名前も欠かすことができない。樋口さんのご紹介によって芥川氏のご長女・麻実子氏の知己を得ることができ、あまつさえ麻実子氏と芥川氏のご長男・貴之志《たかとし》氏のご尽力によって、本書のために貴重な写真をご提供までいただいたことは、私にとって思ってもみないことであった。ご協力いただいた皆様に、ここに改めて深く感謝の意を表したい。

　そして言うまでもなく、大阪で元気に暮らしてくれている両親と弟夫妻に感謝を捧げたい。それから、癒しと心の拠り所を与えてくれた実家の歴代の愛犬（リズ、ピーチ、ロッキー、ボン）、そして大阪で親しくしていただいた高橋千代さん、東京で縁を持てた東進一さんのおふたりにも同じく心からの愛情を。

芥川也寸志生誕一〇〇年の記念すべき年に、世田谷・太子堂にて　藤原征生

参考文献

単行本

芥川也寸志『私の音楽談義』(青木書店、一九五六年)
――『続　人はさまざま　歩く道もさまざま』(芸術現代社、一九七八年)
――『音楽の旅――エッセイ集――』(旺文社、一九八一年)
岩城宏之『行動する作曲家たち――岩城宏之対談集』(新潮社、一九八六年)
海老沢敏／上参郷祐康／西岡信雄／山口修(監修)『新編　音楽中辞典』(音楽之友社、二〇〇二年)
大森盛太郎『日本の洋楽――ペリー来航から一三〇年の歴史ドキュメント　二』(新門出版社、一九八七年)
小野寺昭爾／岡明帆(編)『銀幕の黄金時代を駆け抜けた夢の跡：関西交響楽団／日本映画音楽演奏録音全記録』(大阪フィルハーモニー協会、二〇一二年)
恩地日出夫『「砧」撮影所とぼくの青春』(文藝春秋、一九九九年)
片山杜秀『片山杜秀の本一　音盤考現学』(アルテスパブリッシング、二〇〇八年)
加藤幹郎『映画館と観客の文化史(中公新書)』(中央公論新社、二〇〇六年)
加藤義彦／鈴木啓之(監修)『レコード・コレクターズ三月増刊号　コミック・バンド全員集合！』(ミュージックマガジン、二〇〇六年)
金子敦子(編)『大正琴図鑑』(全音楽譜出版社、二〇〇三年)
木村重雄『現代日本のオーケストラ　歴史と作品』(日本交響楽団振興財団、一九八五年)
黒柳徹子『黒柳徹子の一生懸命対談』(新日本出版社、一九七八年)
小林淳『日本映画音楽の巨星たちII　伊福部昭／芥川也寸志／黛敏郎』(ワイズ出版、二〇〇一年)
出版刊行委員会(編)『芥川也寸志――その芸術と行動』(東京新聞出版局、一九九〇年)
新・3人の会(清道洋一／徳永洋明／西耕一)、芥川眞澄(監修)『日本の作曲家を知るシリーズ　芥川也寸志』(ヤマハミュージックエンタテインメントホールディングス、二〇一八年)
鈴木嘉一『大河ドラマの五〇年――放送文化の中の歴史ドラマ』(中央公論新社、二〇一一年)
大正製薬株式会社社史編集事務局(編)『大正製薬80年史　資料編』(大正製薬、一九九三年)
高峰秀子『いっぴきの虫』(潮出版社、一九七八年)
玉川大学出版部(編)『玉川こども百科　六七　えいが』(誠文堂新光社、一九五七年)
團伊玖磨『青空の音を聴いた――團伊玖磨自伝』(日本経済新聞社、二〇〇二年)
團伊玖磨／芥川也寸志／黛敏郎『現代音楽に関する3人の意見』(中央公論社、一九五六年)

長木誠司『戦後の音楽──芸術音楽のポリティクスとポエティクス』（作品社、二〇一〇年）
長門洋平『映画音響論──溝口健二映画を聴く』（みすず書房、二〇一四年）
西村雄一郎『黒澤明と早坂文雄──風のように侍は』（筑摩書房、二〇〇五年）
日本戦後音楽史研究会（編）『日本戦後音楽史　上──戦後から前衛の時代へ』（平凡社、二〇〇七年）
浜坂福夫『したたかな調べ』（東京新聞出版局、一九八八年）
樋口隆一／林淑姫ほか（編著）『五線譜に描いた夢──日本近代音楽の一五〇年』（明治学院大学、二〇一三年）
廣澤榮『私の昭和映画史』（岩波書店、一九八九年）
廣澤榮『日本映画の時代』（岩波書店、一九九〇年）
福田達夫『ピアニストの思考』（春秋社、一九九〇年）
水谷憲司『映画監督五所平之助』（永田書房、一九七七年）
碧川道夫（著）、山口猛（編）『カメラマンの映画史──碧川道夫の歩んだ道』（社会思想社、一九八七年）
宮川一夫『キャメラマン一代──私の映画人生六〇年』（ＰＨＰ研究所、一九八五年）
山下慧／井上健一／松﨑健夫『現代映画用語事典』（キネマ旬報社、二〇一二年）
輪島裕介『踊る昭和歌謡　リズムからみる大衆音楽』（ＮＨＫ出版、二〇一五年）

雑誌記事・論文

秋山邦晴「日本映画音楽史を形作る人々　六　芥川也寸志」、『キネマ旬報』一九七二年三月下旬号（キネマ旬報社、一九七二年）、一一一—一一六頁
芥川也寸志「ワガ生活ト思想ヨリ」、『音楽の友』一九六六年八月号（音楽之友社、一九六六年）、一一二—一一三頁
井上雅雄「日活の映画製作再開と『五社協定』」、谷川建司（編）『戦後映画の産業空間──資本・娯楽・興行』（森話社、二〇一六年）、一六—四四頁
片山杜秀「芥川也寸志」、『日本の作曲20世紀』（音楽之友社、一九九九年）、一二二—一二四頁
北川冬彦「日本映画批評　自分の穴の中で」、『キネマ旬報』一九五五年一〇月下旬号（キネマ旬報社、一九五五年）、八二頁
柴田康太郎「一九五〇～六〇年代の日本映画におけるミュジック・コンクレート　黛敏郎・芥川也寸志・武満徹による音響演出」、『美学藝術学研究』三二巻（東京大学大学院人文社会系研究科・文学部美学芸術学研究室、二〇一三年）、七三—一〇三頁
團伊玖磨「第八章　映画音楽」、『映画の見方に関する十二章』（中央公論社、一九五四年）、一一八—一三二頁
津村秀夫「『地獄門』と日本映画の海外進出」、『映画の友』一九五四年七月号・通巻第二五八号（映画世界社、一九五四年）、四八—五一頁
長江道太郎「自分の穴の中で」、『映画評論』一九五五年一一月号（映画出版社、一九五五年）、八三—八五頁

西川尚生「芥川也寸志《交響曲第一番》の成立」、『芸術学』一六号（三田芸術学会、二〇一二年）、五七―八二頁
羽鳥隆英「映画＝テレビ移行期の映画スターに見る脱スタジオ・システム的共闘―池部良と佐田啓二を事例に―」、『演劇研究』三七号（早稲田大学坪内博士記念演劇博物館、二〇一四年）、八三―九六頁
光井安子「邦人作曲家によるチェンバロ作品と調査：考察」、『岩手大学教育学部附属教育実践研究指導センター研究紀要』七巻（岩手大学教育学部附属教育実践研究指導センター、一九九七年）、五五―七五頁
署名なし「『カラコルム』完成報告座談会」、『キネマ旬報』一九五六年五月上旬号（キネマ旬報社、一九五六年）、三六―四一頁
署名なし「座談会　新しい作曲グループ『3人の会』の発言」、『音楽芸術』一九五四年二月号（音楽之友社、一九五四年）、五六―六八頁
署名なし「日本の作曲ゼミナール　芥川也寸志」、『音楽の世界』一九七七年六月号（音楽の世界社、一九七七年）、二〇―三一頁
『映画雑徒』九号（映画雑徒同人会、一九七八年）
『ＮＨＫ』一九六四年六月一五日号（ＮＨＫサービスセンター、一九六四年）
『週刊ＴＶガイド』一九六四年一二月一八日号（東京ニュース通信社、一九六四年）

その他文字資料

芥川眞澄「『蜘蛛の糸』に寄せて」、『芥川也寸志の芸術　一　蜘蛛の糸―管弦楽作品集』ＣＤライナーノート（キングレコード、一九九九年）、八―九頁
大原誠「大河ドラマのテーマ音楽」、『決定版　大河ドラマ全曲集』ＣＤライナーノート（ＥＭＩミュージック・ジャパン、二〇一一年）、二―五頁
貝山知弘（構成）『芥川也寸志の世界　オリジナル・サウンドトラック』ＣＤライナーノート（東宝ミュージック、一九九七年）、頁数なし
――『黛敏郎の世界　オリジナル・サウンドトラック』ＣＤライナーノート（東宝ミュージック、二〇〇〇年）、頁数なし
片山杜秀「芥川也寸志（一九二五―一九八九）：エローラ交響曲・交響三章他」、『芥川也寸志：オーケストラのためのラプソディ／エローラ交響曲／交響三章』ＣＤライナーノート（ナクソス、二〇〇四年）、頁数なし
小林淳「野村芳太郎の推理映画を支えてきた音楽群」、『松竹映画サウンドメモリアル　野村芳太郎監督作品　サウンドトラックコレクション』ＣＤライナーノート（バップ、一九九五年）、頁数なし
富樫康「タイトルなし（《交響曲第一番》《交響三章》《弦楽のための三楽章》楽曲解説）」、『芥川也寸志：交響曲第一番／交響三章／弦楽のための三楽章』ＣＤライナーノート（ＥＭＩクラシックス、二〇一三年）、二―一〇頁
毛利蔵人「芥川也寸志　交響曲第一番」、『交響曲第一番』（全音楽譜出版社、一九九一年）、五―一三頁
『第五回　大阪国際フェスティバル・スーベニヤ・プログラム　第四巻（『3人の会による現代日本作品の夕』「フェスティバルホール、一九六二年四月一六日」）』演奏会プログラム（大阪国際フェスティバル協会、一九六二年）
『牧阿佐美バレエ団特別新作公演（東京文化会館、一九六八年七月五・七日）』公演プログラム（出版者不明、一九六八年）

『地獄門　特報　一〇二九號』（大映京都撮影所宣傳課、一九五三年）
『自分の穴の中で』パンフレット（京橋出版社、一九五五年）
『東宝スタジオ・メール　No.468』（東宝撮影所宣伝課、一九五七年）
『劇場宣伝心得帖　昭和四四年九月号』（東宝本社宣伝部、一九六九年）
『地獄変』パンフレット（東宝株式会社事業部、一九六九年）
『影の車』パンフレット（松竹映画、一九七〇年）

楽譜資料

（自筆譜）

芥川也寸志『花のれん』スコア、一九五九年頃（明治学院大学図書館付属遠山一行記念日本近代音楽館所蔵）
――『破戒』スコア、一九六二年頃（明治学院大学図書館付属遠山一行記念日本近代音楽館所蔵）
――『赤穂浪士』スコア、一九六四年頃（明治学院大学図書館付属遠山一行記念日本近代音楽館所蔵）

（出版譜）

芥川也寸志『ラ・ダンス』（音楽之友社、一九六七年）
――『交響曲第一番』（全音楽譜出版社、一九九一年）
――『チェロとオーケストラのためのコンチェルト・オスティナート』（全音楽譜出版社、一九九一年）
――『交響三章』（全音楽譜出版社、一九九二年）
ドミートリイ・ショスタコーヴィチ『交響曲第一番』（全音楽譜出版社、一九九〇年）
Ibert, Jacques. *Chansons de Don Quichotte No. 3 - Chanson du Duc*. Paris: Alphonse Leduc, 2009. Print.

映像資料

『ドン・キホーテ　*Don Quichotte*』G・W・パプスト監督、ネルソン・フィルム／ヴァンダー・フィルム製作・ユナイテッド・アーティスツ配給、フョードル・シャリアピンほか出演、一九三三年（DVD、アイ・ヴィー・シー、二〇〇六年）
『嵐が丘　*Wuthering Heights*』ウィリアム・ワイラー監督、サミュエル・ゴールドウィン・プロダクションズ製作・ユナイテッド・アーティスツ配給、マール・オベロン／ローレンス・オリヴィエほか出演、一九三九年（DVD、二〇世紀フォックスホームエンターテイメント、二〇〇五年）
『雨月物語』溝口健二監督、田中絹代／森雅之／京マチ子ほか出演、大映（京都）製作・配給、一九五三年（DVD、Criterion Collection、二〇〇五年）
『地獄門』衣笠貞之助監督、長谷川一夫／京マチ子ほか出演、大映（京都）製作・配給、一九五三年（VHS、徳間ジャパンコミュニケーションズ、一九九四年）

『ともしび』家城巳代治監督、香川京子ほか出演、新世紀プロダクション製作・北星映画配給、一九五四年（DVD、新日本映画社、二〇〇五年）
『自分の穴の中で』内田吐夢監督、北原三枝／月丘夢路／三國連太郎ほか出演、日活製作・配給、一九五五年（シネ・ヌーヴォ［大阪・九条］にて二〇二〇年八月一六日鑑賞）
『たけくらべ』五所平之助監督、美空ひばり／岸惠子ほか出演、新芸術プロダクション製作・新東宝配給、一九五五年（VHS、大陸書房、一九八九年）
『カラコルム／カラコルム・ヒンズークシ学術探検記録』伊勢長之助／中村敏郎構成・編集、日本映画新社製作・東宝配給、一九五六年（DVD、京都大学学術出版会、二〇一〇年）
『台風騒動記』山本薩夫監督、佐田啓二／菅原謙二（謙次）ほか出演、山本プロダクション／まどかグループ製作・松竹配給、一九五六年（VHS、松竹ホームビデオ、一九九二年）
『猫と庄造と二人のをんな』豊田四郎監督、森繁久彌／山田五十鈴／香川京子ほか出演、東京映画製作・東宝配給、一九五六年（DVD、放送録画、二〇〇六年頃）
『夕凪』豊田四郎監督、若尾文子／淡島千景／池部良ほか出演、宝塚映画製作・東宝配給、一九五七年（DVD、放送録画、二〇〇六年頃）
『夜の蝶』吉村公三郎監督、京マチ子／山本富士子ほか出演、大映（東京）製作・配給、一九五七年（DVD、角川映画、二〇〇七年）
『螢火』五所平之助監督、淡島千景／若尾文子ほか出演、歌舞伎座プロダクション製作・松竹配給、一九五八年（DVD、放送録画、録画年代不明）
『欲』五所平之助監督、伴淳三郎／森繁久彌ほか出演、松竹（京都）製作・配給、一九五八年（DVD、放送録画、録画年代不明）
『花のれん』豊田四郎監督、淡島千景／森繁久彌ほか出演、宝塚映画製作・東宝配給、一九五九年（DVD、放送録画、二〇二四年）
『鍵』市川崑監督、京マチ子／仲代達矢／中村雁治郎ほか出演、大映（東京）製作・配給、一九五九年（角川書店、二〇〇七年）
『暗夜行路』豊田四郎監督、池部良／山本富士子／淡島千景ほか出演、東京映画製作・東宝配給、一九五九年（VHS、東宝、二〇〇三年）
『おとうと』市川崑監督、岸惠子／川口浩ほか出演、大映（東京）製作・配給、一九六〇年（DVD、角川エンタテイメント、二〇〇七年）
『最後の切札』野村芳太郎監督、佐田啓二／宮口精二ほか出演、松竹（大船）製作・配給、一九六〇年（DVD、放送録画、二〇一九年）
『白い牙』五所平之助監督、牧紀子／佐分利信ほか出演、松竹（京都）製作・配給、一九六〇年（DVD、放送録画、二〇一二年頃）
『ぼんち』市川崑監督、市川雷蔵／若尾文子／京マチ子ほか出演、大映（京都）製作・大映配給、一九六〇年（DVD、角川書店、二〇一二年）
『わが愛』五所平之助監督、有馬稲子／佐分利信ほか出演、松竹（京都）製作・配給、一九六〇年（DVD、放送録画、二〇一二年頃）
『巨船ネス・サブリン』楠木徳男／富沢幸男監督、伊勢長之助編集、三菱重工業株式会社企画・岩波映画製作所製作、一九六一年（DVD、ジェネオン・エンターテインメント、二〇〇七年）
『猟銃』五所平之助監督、山本富士子／岡田茉莉子／佐分利信ほか出演、猟銃プロダクション製作・松竹配給、一九六一年（VHS、松竹ホームビデオ、一九九一年）
『破戒』市川崑監督、市川雷蔵／三國連太郎ほか出演、大映（京都）製作・配給、一九六二年（角川書店、二〇一二年）

『私は二歳』市川崑監督、山本富士子／船越英二／鈴木博雄ほか出演、大映（東京）製作・配給、一九六二年（ＤＶＤ、角川書店、二〇一五年）
『太平洋ひとりぼっち』市川崑監督、石原裕次郎／田中絹代ほか出演、石原プロモーション製作・日活配給、一九六三年（ＤＶＤ、ハピネットピクチャーズ、二〇一二年）
『赤穂浪士』第四六話「討入り」井上博演出、長谷川一夫ほか出演、ＮＨＫ製作、一九六四年（ＤＶＤ、ＮＨＫエンタープライズ、二〇〇三年）
『五瓣の椿』野村芳太郎監督、岩下志麻／加藤剛ほか出演、松竹（大船）製作・配給、一九六四年（ＤＶＤ、松竹ホームビデオ、二〇〇五年）
『波影』豊田四郎監督、若尾文子／乙羽信子ほか出演、東京映画製作・東宝配給、一九六五年（ＤＶＤ、放送録画、二〇〇六年頃）
『地獄変』豊田四郎監督、仲代達矢／中村錦之助／内藤洋子ほか出演、東宝製作・配給、一九六九年（ＤＶＤ、AnimEigo、二〇〇六年）
『影の車』野村芳太郎監督、加藤剛／岩下志麻ほか出演、松竹（大船）製作・配給、一九七〇年（ＤＶＤ、松竹ホームビデオ、二〇〇九年）
『八甲田山』森谷司郎監督、高倉健／北大路欣也ほか出演、橋本プロダクション／東宝映画／シナノ企画製作・東宝配給、一九七七年（ＤＶＤ、ハピネットピクチャーズ、二〇一七年）
『八つ墓村』野村芳太郎監督、萩原健一／小川真由美ほか出演、松竹製作・配給、一九七七年（ＤＶＤ、松竹、二〇一二年）
『日蓮』中村登監督、萬屋錦之介ほか出演、永田雅一プロダクション製作・松竹配給、一九七九年（ＤＶＤ、角川映画、二〇〇五年）
『音楽の広場』「團伊玖磨、芥川也寸志、黛敏郎　3人の会」、日本放送協会製作、一九八四年二月二四日放送（ＤＶＤ、非売品、二〇一九年度第四回ＮＨＫ学術利用トライアルにて鑑賞）
『音楽の広場』「旅とワインと男のおしゃれ〜團・芥川・黛VS黒柳〜」日本放送協会製作、一九八四年三月二日放送（ＤＶＤ、非売品、二〇一九年度第四回ＮＨＫ学術利用トライアルにて鑑賞）

音声資料

『芥川也寸志の世界　オリジナル・サウンドトラック』（ＣＤ、東宝ミュージック、PSCR-5819、一九九七年）
『芥川也寸志　forever』（ＣＤ、フォンテック、FOCD9415/6、二〇〇九年）
『芥川也寸志　作品集』（ＣＤ、フォンテック、FOCD9527/8、二〇一一年）
『芥川也寸志：交響曲第一番／交響三章／弦楽のための三楽章』（ＣＤ、EMIクラシックス、OIAG-50106、二〇一三年）
『市川雷蔵コレクション』（ＣＤ、キングレコード、KICA-3030/1、一九九八年）
『炎上／おとうと／雪之丞変化　オリジナル・サウンドトラック（市川崑　4K Master Blu-ray BOX　特典ディスク）』（ＣＤ、角川書店、二〇一五年）
『松竹映画サウンドメモリアル　野村芳太郎監督作品　サウンドトラックコレクション』（ＣＤ、バップ、VPCD-81102、一九九五年）
“Sound of Cinema: The Harpsichord and Film.” Narr. Lucie Skeaping. *Early Music Show*. BBC Radio 3, London. Sun 15 Sep. 2013. Radio. ‹https://www.bbc.co.uk/programmes/b03b2h1m›

芥川也寸志　映画音楽フィルモグラフィ

No.	公開日	作品名	監督	製作(配給)会社	備考
	1947年3月11日	四つの恋の物語 第1話　初恋	豊田四郎	東宝	オーケストレーション (作曲:早坂文雄)
		四つの恋の物語 第2話　別れも愉し	成瀬巳喜男		
		四つの恋の物語 第3話　恋はやさし	山本嘉次郎		
		四つの恋の物語 第4話　恋のサーカス	衣笠貞之助		
	1947年8月5日	銀嶺の果て	谷口千吉	東宝	ピアノ演奏 (作曲:伊福部昭)
	1947年4月29日	地下街24時間	今井正 楠田清 関川秀雄	東宝	オーケストレーション (作曲:早坂文雄)
	1947年9月24日	愛よ星と共に	阿部豊	新東宝(東宝)	オーケストレーション (作曲:早坂文雄)
	1947年11月30日	恋する妻	萩原遼	新東宝(東宝)	オーケストレーション (作曲:早坂文雄)
	1948年5月25日	わが愛は山の彼方に	豊田四郎	東宝	アシスタント (作曲:早坂文雄)
	1948年6月23日	富士山頂	佐伯清	新東宝(東宝)	アシスタント (作曲:早坂文雄)
1	1951年1月29日	えり子とともに　第1部	豊田四郎	藤本プロ(新東宝)	
2	1951年2月5日	えり子とともに　第2部	豊田四郎	藤本プロ(新東宝)	
3	1952年1月17日	青春会議	杉江敏男	東宝	
4	1952年2月28日	南国の肌	本多猪四郎	木曜プロ(東宝)	
5	1952年7月3日	いとし子と耐えてゆかむ	中川信夫	東映東京	
6	1952年7月8日	若い人	市川崑	東宝	
7	1952年10月30日	いついつまでも	ポール・スローン	大映東京	音楽監督:早坂文雄 (芥川は作曲を担当)
8	1952年12月10日	春の囁き	豊田四郎	東京映画(東宝)	
9	1953年1月15日	吹けよ春風	谷口千吉	東宝	
10	1953年3月5日	煙突の見える場所	五所平之助	スタジオ・エイト・プロダクション(新東宝)	第4回ブルーリボン賞音楽賞、第8回毎日映画コンクール音楽賞受賞
11	1953年3月11日	抱擁	マキノ雅弘	東宝	
12	1953年4月8日	夜の終り	谷口千吉	東宝	第4回ブルーリボン賞音楽賞
13	1953年4月22日	飛び出した日曜日	村田武雄	東宝	
14	1953年4月22日	私は狙われている	田尻繁	東宝	
15	1953年5月13日	銀二郎の片腕	青柳信雄	新東宝	
16	1953年6月9日	雲ながるる果てに	家城巳代治	重宗プロダクション、新世紀映画(松竹、北星映画)	第4回ブルーリボン賞音楽賞
17	1953年6月15日	戦艦大和	阿部豊	新東宝	
18	1953年7月1日	続思春期	本多猪四郎	東宝	
19	1953年9月15日	広場の孤独	佐分利信	俳優座(新東宝)	
20	1953年10月31日	地獄門	衣笠貞之助	大映京都	
21	1954年4月20日	大阪の宿	五所平之助	新東宝	
22	1954年5月19日	風立ちぬ	島耕二	東京映画、大雅社(東宝)	
23	1954年6月22日	ともしび	家城巳代治	新世紀プロダクション (北星映画)	
24	1954年11月22日	最後の女たち	楠田清	創映プロ(新東宝)	
25	1954年(月日不詳)	皇居　千代田城	下村健二	大和プロダクション	
26	1955年5月17日	サラリーマン　目白三平	千葉泰樹	東映東京	共作:武満徹
27	1955年5月31日	33号車応答なし	谷口千吉	東宝	
28	1955年6月19日	たそがれ酒場	内田吐夢	新東宝	

29	1955年8月28日	たけくらべ	五所平之助	新芸術プロダクション（新東宝）	
30	1955年9月13日	花ひらく	藤原杉雄	まどかグループ、新世紀映画（松竹）	
31	1955年9月27日	続サラリーマン　目白三平	千葉泰樹	東映東京	
32	1955年9月28日	自分の穴の中で	内田吐夢	日活	
33	1956年1月29日	彼奴を逃すな	鈴木英夫	東宝	
34	1956年3月22日	雪崩	山本薩夫	東映東京	
35	1956年6月8日	或る夜ふたたび	五所平之助	歌舞伎座プロダクション（松竹）	
36	1956年10月9日	猫と庄造と二人のをんな	豊田四郎	東京映画（東宝）	
37	1956年12月19日	台風騒動記	山本薩夫	山本プロダクション、まどかグループ（松竹）	
38	1956年（月日不詳）	伸びゆく東北電力 第10集　この雪の下に	野田真吉 間宮則夫 森田実	東京シネマ	
39	1957年2月27日	黄色いからす	五所平之助	歌舞伎座プロダクション（松竹）	
40	1957年3月4日	米	今井正	東映東京	
41	1957年5月21日	伴淳・森繁の糞尿譚	野村芳太郎	松竹京都	
42	1957年6月25日	異母兄弟	家城巳代治	独立映画	
43	1957年7月30日	危険な英雄	鈴木英夫	東宝	
44	1957年9月1日	お姉さんといっしょ	青山通春	桜映画社（松竹）	共作：草川啓
45	1957年9月1日	挽歌	五所平之助	歌舞伎座プロダクション（松竹）	
46	1957年9月15日	夕凪	豊田四郎	宝塚映画（東宝）	
47	1957年10月15日	穴	市川崑	大映東京	
48	1957年11月5日	脱獄囚	鈴木英夫	東宝	
49	1958年1月9日	負ケラレマセン勝マデハ	豊田四郎	東京映画（東宝）	
50	1958年2月8日	怒りの孤島	久松静児	日映（松竹）	
51	1958年3月7日	新中国横断記録 新しき大地	八木保太郎（構成） 牛原虚彦（監修）	光報道工芸映画（昭映フィルム）	共作：林光 ※作曲は林のみ
52	1958年3月18日	螢火	五所平之助	歌舞伎座プロダクション（松竹）	
53	1958年6月24日	欲	五所平之助	松竹京都	
54	1958年8月5日	花の慕情	鈴木英夫	東宝	
55	1958年10月1日	裸の太陽	家城巳代治	東映東京	
56	1958年10月1日	どさんこ（道産子）	金子精吾	芸術映画社（独立映画）	
57	1958年12月7日	蟻の街のマリア	五所平之助	歌舞伎座プロダクション（松竹）	
58	1958年（月日不詳）	オートメーション 人類の夢と科学	上野耕三	記録映画社	共作：草川啓
59	1958年（月日不詳）	佐久間ダム　総集篇	高村武次	岩波映画、電源開発株式会社	編集：伊勢長之助
60	1959年1月27日	花のれん	豊田四郎	宝塚映画（東宝）	
61	1959年4月14日	からたち日記	五所平之助	歌舞伎座プロダクション（松竹）	
62	1959年5月19日	男性飼育法	豊田四郎	東京映画（東宝）	
63	1959年6月9日	どんと行こうぜ	野村芳太郎	松竹大船	
64	1959年6月23日	鍵	市川崑	大映東京	
65	1959年6月30日	花嫁の峰　チョゴリザ	伊勢長之助（構成）	日本映画新社（東宝）	
66	1959年9月20日	暗夜行路	豊田四郎	東京映画（東宝）	
67	1959年11月3日	野火	市川崑	大映東京	
68	1960年1月3日	わが愛	五所平之助	松竹京都	
69	1960年1月14日	女経　第1話 耳を嚙みたがる女 女経　第2話 物を高く売りつける女 女経　第3話 恋を忘れていた女	増村保造 市川崑 吉村公三郎	大映東京	
70	1960年4月5日	白い崖	今井正	東映東京	
71	1960年4月13日	ぼんち	市川崑	大映京都	
72	1960年6月11日	白い牙	五所平之助	松竹京都	
73	1960年9月20日	最後の切札	野村芳太郎	松竹大船	

74	1960年9月27日	マッキンレー征服	伊勢長之助(構成)	東映教育映画部	
75	1960年11月1日	海を渡る友情	望月優子	東映教育映画部	
76	1960年11月1日	おとうと	市川崑	大映東京	
77	1961年1月3日	猟銃	五所平之助	猟銃プロダクション(松竹)	
78	1961年3月19日	ゼロの焦点	野村芳太郎	松竹大船	
79	1961年4月4日	別れて生きるときも	堀川弘通	東宝	
80	1961年5月3日	黒い十人の女	市川崑	大映東京	
81	1961年5月16日	東京夜話	豊田四郎	東京映画(東宝)	
82	1961年11月22日	愛情の系譜	五所平之助	松竹大船	
83	1961年(月日不詳)	巨船ネス・サブリン	楠木徳男 富沢幸男	岩波映画製作所	編集:伊勢長之助
84	1962年4月6日	破戒	市川崑	大映京都	
85	1962年5月1日	おなじ太陽の下で	望月優子	東映教育映画部	
86	1962年5月27日	左ききの狙撃者　東京湾	野村芳太郎	松竹大船	
87	1962年9月1日	かあちゃん結婚しろよ	五所平之助	松竹大船	
88	1962年11月18日	私は二歳	市川崑	大映東京	
89	1962年(月日不詳)	明日を創る　東芝	前田昭	岩波映画製作所	
90	1963年1月13日	雪之丞変化	市川崑	大映京都	共作:八木正生
91	1963年3月31日	嘘　第1話　プレイガール 嘘　第2話　社用2号 嘘　第3話　3女体	増村保造 吉村公三郎 衣笠貞之助	大映東京	
92	1963年4月28日	拝啓天皇陛下様	野村芳太郎	松竹大船	
93	1963年9月20日	100万人の娘たち	五所平之助	松竹大船	
94	1963年10月27日	太平洋ひとりぼっち	市川崑	日活、石原プロモーション(日活)	共作:武満徹
95	1964年1月1日	続・拝啓天皇陛下様	野村芳太郎	松竹大船	
96	1964年11月21日	五瓣の椿	野村芳太郎	松竹大船	
97	1965年1月31日	波影	豊田四郎	東京映画(東宝)	
98	1969年9月20日	地獄変	豊田四郎	東宝	共作:武満徹
99	1970年6月6日	影の車	野村芳太郎	松竹大船	
100	1974年10月19日	砂の器	野村芳太郎	松竹、橋本プロダクション(松竹)	音楽監督(作曲:菅野光亮) 第29回毎日映画コンクール音楽賞受賞
101	1977年6月18日	八甲田山	森谷司郎	橋本プロダクション、東宝映画、シナノ企画(東宝)	第1回日本アカデミー賞最優秀音楽賞受賞
102	1977年10月29日	八つ墓村	野村芳太郎	松竹	第1回日本アカデミー賞最優秀音楽賞受賞
103	1978年6月3日	事件	野村芳太郎	松竹	共作:松田昌
104	1978年10月7日	鬼畜	野村芳太郎	松竹	
105	1979年3月10日	日蓮	中村登	永田雅一プロダクション(松竹)	
106	1979年10月6日	配達されない三通の手紙	野村芳太郎	松竹	
107	1980年6月28日	わるいやつら	野村芳太郎	松竹、霧プロダクション(松竹)	
108	1980年11月22日	震える舌	野村芳太郎	松竹	共作:小熊達弥
109	1980年(月日不詳)	一粒の麦から ウイスキーとその世界	藤久真彦	岩波映画製作所	
110	1982年9月11日	幻の湖	橋本忍	橋本プロダクション(東宝)	
111	1982年9月18日	疑惑	野村芳太郎	松竹、霧プロダクション(松竹)	共作:毛利蔵人

芥川也寸志　主要ラジオ作品

No.	放送年月日	作品名	放送局	備考
1	1948年—55年(月日不詳)	家庭の音楽	NHK	テーマ音楽
2	1949年10月5日—52年4月3日	えり子とともに	NHK	共作:中田喜直、脚本:内村直也・三好十郎、1951年に映画化(芥川が音楽担当)
3	1950年—55年(月日不詳)	若い農民	NHK	テーマ音楽
4	1950年6月16日	新劇物語	NHK	脚本:内村直也
5	1950年9月21日	ニライ・カナイ	NHK	脚本:田井洋子
6	1950年12月8日	遊動円木	NHK	脚本:内村直也
7	1950年(月日不詳)	アメアメコンコ	NHK	
8	1952年7月(日不詳)	メロディの流れ	NHK	テーマ音楽
9	1952年11月(日不詳)	海外の話題	NHK	テーマ音楽
10	1952年(月日不詳)	ぼくちゃん	NHK	テーマ音楽
11	1953年4月(日不詳)	ラジオ音楽教室	NHK	テーマ音楽
12	1953年11月22日	秋の歌	NHK	第8回芸術祭参加作品 共作:團伊玖磨、黛敏郎
13	1953年11月29日	双子の星	新日本放送	原作:宮沢賢治、第8回芸術祭参加作品
14	1955年5月10日	橋姫	ラジオ東京	脚本:中村真一郎
15	1956年3月2日	秋	ニッポン放送	原作:芥川龍之介、脚色・演出:芥川比呂志
16	1956年度—67年度(月日不詳)	音楽クラブ	NHK	パーソナリティー(『やぶにらみの音楽論』担当)
17	1958年1月2日	お婆さんは魔法使い	NHK	脚本:安部公房
18	1959年5月11日—9月4日	ひげの生えたパイプ	NHK	脚本:安部公房、全85回
19	1962年11月18日	吼えろ!	朝日放送	脚本:安部公房、第17回芸術祭賞受賞
20	1964年7月13日—66年10月1日	オーナー	TBS	パーソナリティー
21	1965年8月5日—66年4月7日	今晩は音楽	TBS	パーソナリティー
22	1967年4月16日—89年4月9日	百万人の音楽	TBS	パーソナリティー(共演:野際陽子)
23	1976年4月11日—77年3月20日	日曜家族スタジオ	NHK	パーソナリティー(『声くらべ腕くらべこども音楽会』担当)
24	年月日不詳	NHK教養大学	NHK	テーマ音楽
25	年月日不詳	日曜随想	NHK	テーマ音楽
26	年月日不詳	日本のあゆみ	NHK	テーマ音楽

芥川也寸志　主要テレビ作品

No.	放送年月日	作品名	放送局	備考
1	1953年2月1日	テレビジョン放送 開始・終了音楽	NHK	
2	1954年2月4日—56年7月31日	かっぱ川太郎	NHK	作:清水崑
3	1954年10月4日—12月28日	若い日記	NHK	全13回
4	1957年2月5日—26日	鎌いたち—顎十郎捕物帳—	NHK	全4回
5	1957年11月29日	開港余聞岡士館附近	NHK	第12回芸術祭参加作品
6	1959年1月14日—60年3月30日	今日の医学	NHK	
7	1960年11月18日	ゆび	中部日本放送	第15回芸術祭参加作品
8	1961年2月26日	まんづ星っこ一杯だ	日本テレビ	演出:望月優子
9	1963年1月11日—64年11月27日	花王ファミリーショウ 私のクイズ	日本テレビ	司会
10	1964年1月5日—12月27日	赤穂浪士	NHK	全52回
11	1965年9月4日—70年9月26日	土曜パートナー	TBS	司会
12	1967年8月27日	暗い鏡 ～ヒロシマのオルフェ	NHK	歌劇《暗い鏡》の改作 第7回日本テレフィルム技術賞奨励賞(照明)受賞 第4回ザルツブルク・テレビ・オペラ賞審査員特別賞受賞
13	1981年4月3日—9月25日	愛の学校　クオレ物語	毎日放送	主題曲のみ
14	1981年7月18日	月～竹取物語より—音楽と舞踊による映像絵巻—	NHK	第33回イタリア賞・イタリア放送協会賞、第10回国際エミー賞優秀賞受賞
15	1986年4月9日—12月3日	武蔵坊弁慶	NHK	主題曲のみ、全32回
16	1977年4月8日—84年3月23日	音楽の広場	NHK	番組内音楽の作・編曲のほか司会と指揮も担当、全245回(共演:黒柳徹子)
17	1984年4月6日—88年11月26日	N響アワー	NHK	司会(共演:なかにし礼、木村尚三郎) 番組は1980年4月26日から開始(2012年3月25日終了)

芥川也寸志　略年譜

	できごと	主な音楽作品	主な映画作品
一九二五（大正一四）年　〇歳	七月一二日、東京・田端に生まれる。父・龍之介と母・文のもと、三兄弟の三男として育つ。		
一九二七（昭和二）年　二歳	七月二四日、父・龍之介が自殺する。		
一九三〇（昭和五）年　五歳	四月、聖学院幼稚園に入園する。		
一九三二（昭和七）年　七歳	四月、東京高等師範学校（現・筑波大学）附属小学校に入学する。		
一九三八（昭和一三）年　一三歳	四月、東京高等師範学校附属中学校に入学する。		
一九四一（昭和一六）年　一六歳	音楽の勉強を本格的に開始し、橋本國彦に作曲を、井口基成にピアノを師事する。しかし、無理がたたって肋膜炎を患う。		
一九四三（昭和一八）年　一八歳	三月、東京高等師範学校附属中学校を卒業する。 四月、東京音楽学校（現・東京藝術大学音楽学部）予科に入学する。		
一九四四（昭和一九）年　一九歳	四月、東京音楽学校本科作曲部に進学する。橋本國彦・下總皖一・細川碧らに音楽理論、永井進にピアノを師事する。同級に斎藤高順・奥村一ら、一年上級に團伊玖磨らがいた。 一〇月、学徒動員で陸軍戸山学校軍楽隊に入隊し、軍学生徒として訓練を受ける（團伊玖磨、斎藤高順らと同期入隊）。		
一九四五（昭和二〇）年　二〇歳	軍楽学徒を首席で卒業し、陸軍教育総監賞を受賞する。軍楽隊作曲係上等兵となる。 四月一三日、次兄・多加志がビルマで戦死。同日の空襲で田端の自宅が焼失。 八月、終戦に伴い陸軍を除隊。		

九月、東京音楽学校本科二年に復学。金子登に指揮法を師事する。

一九四六（昭和二一）年　二二歳

四月、伊福部昭が東京音楽学校講師として赴任。芥川は講義に感銘を受け、当時日光にあった伊福部の自宅を訪問して数日を過ごす。以降、生涯にわたって伊福部から大きな影響を受ける。

一九四七（昭和二二）年　二二歳

三月、東京音楽学校本科を卒業。

四月、同校研究科に進学する。

早坂文雄の映画音楽のアシスタントを務め、『四つの恋の物語』を始めとする作品に携わる。伊福部昭の初の映画音楽『銀嶺の果て』でピアノ独奏を務める。

《交響管弦楽のための前奏曲》

《弦楽四重奏曲》

一九四八（昭和二三）年　二三歳

二月、山田沙織と結婚する。

同月、《ラ・ダンス（踊り）》《弦楽四重奏曲》がNHKで放送初演される。

四月、慶應義塾中等部の音楽教員となる（翌年一一月末まで）。

七月、長女・麻実子が誕生。

九月、《交響三章》がNHKで放送初演される。東京フィルハーモニー交響楽団を自ら指揮する。

《ラ・ダンス》

《交響三章》

一九四九（昭和二四）年　二四歳

三月、東京音楽学校研究科を修了する。

十月、NHKの連続放送劇『えり子とともに』の放送開始、音楽を担当する（一九五二年四月まで）。

《小管弦楽のための組曲》

《車塵集》

一九五〇（昭和二五）年　二五歳

二月、NHK放送二五周年記念管弦楽懸賞で《交響管弦楽のための音楽》が團伊玖磨の《交響曲イ調（交響曲第一番）》とともに特選入賞する。

九月、早坂文雄が設立した「映画音楽家協会」に加入する。

《交響管弦楽のための音楽》

《パプア島土蛮の歌》

一九五一（昭和二六）年　二六歳

一月二九日と二月五日公開の『えり子とともに』二部作（豊田四郎監督）で、はじめて独力で映画音楽を手がける。

七月、《ヴァイオリンとピアノのための譚詩曲》がニューヨーク・W

《ヴァイオリンとピアノのための譚詩曲》

《河童》

『えり子とともに』二部作

	できごと	主な音楽作品	主な映画作品
一九五一(昭和二六)年　二六歳	NYCで放送初演される。 同月、肋膜炎が再発し入院生活を送る。 一一月、「横山はるひバレエ・アート・スクール公演」にて父龍之介原作のバレエ音楽《河童(Kappa)》が初演。		
一九五二(昭和二七)年　二七歳	六月、《マイクロフォンのための音楽(マイクロフォンのためのファンタジー)》がNHKで放送初演される。	《マイクロフォンのための音楽》	『南国の肌』 『若い人』 『春の囁き』 ほか
一九五三(昭和二八)年　二八歳	團伊玖磨、黛敏郎と「3人の会」を結成する。 三月五日公開の『煙突の見える場所』で、はじめて五所平之助監督作品の映画音楽を手がける。 一二月、《弦楽のための三楽章(トリプティーク)》がニューヨーク・フィルハーモニックによって初演される(クルト・ヴェス指揮)。	《弦楽のための三楽章》	『煙突の見える場所』 『夜の終り』 『地獄門』 ほか
一九五四(昭和二九)年　二九歳	一月、「3人の会」第一回作品発表会を日比谷公会堂で催し、《交響曲》を初演指揮する(東京交響楽団)。 二月、『煙突の見える場所』の音楽が第二八回毎日映画コンクール音楽賞を受賞する。同作品のほか『夜の終り』『雲ながるる果てに』の音楽でブルーリボン賞音楽賞を受賞する。 一〇月、スイス・東欧経由でソ連・中国に旅行、モスクワでショスタコーヴィチやハチャトゥリアンらと面会したほか、上海で自作品の指揮を行う(上海交響楽団)。		『大阪の宿』 『風立ちぬ』 『ともしび』 ほか
一九五五(昭和三〇)年　三〇歳	二月、帰国する。 同月、次女・柚実子誕生する。 五月、アメリカのオーケストラ「シンフォニー・オブ・ジ・エアー」(元のNBC交響楽団)の来日公演で、《交響管弦楽のための音楽》がNHK交響楽団との合同演奏で上演される(ソーア・ジョンソン指揮)。	《嬉遊曲》 《交響曲第一番》	『たそがれ酒場』 『たけくらべ』 『自分の穴の中で』 ほか

	六月、「3人の会」第二回作品発表会を日比谷公会堂で開催、《嬉遊曲》を初演指揮する。 一二月、東京交響楽団定期演奏会で《交響曲》を改作した《交響曲第一番》を初演する(上田仁指揮)。		
一九五六(昭和三一)年　三一歳	三月、アマチュア・オーケストラの東京労音新交響楽団が設立され、芥川は音楽監督・常任指揮者に就任する。 四月、アジア連帯会議文化使節団の一員として東南アジアとヨーロッパに旅行する。インドのエローラ石窟寺院で衝撃を受ける。 五月、旅行の途次にモスクワに立ち寄り、ショスタコーヴィチやカバレフスキーらと面会する。 七月、帰国する。 一二月、「日本のうたごえ祭典」で合唱組曲《砂川》を発表する。	《砂川》	『或る夜ふたたび』 『猫と庄造と二人のをんな』 『台風騒動記』 ほか
一九五七(昭和三二)年　三二歳	四月、山田沙織と協議離婚する。 五月二一日公開の『伴淳・森繁の糞尿譚』ではじめて野村芳太郎監督作品を担当する。野村は兄・比呂志の大学の同窓生だった。	《子どものための交響曲「双子の星」》 《パプア族の二つの旋律》(一九五〇年作曲の歌曲《パプア島土蛮の歌》を男声合唱曲に改作)	『黄色いからす』 『伴淳・森繁の糞尿譚』 『夕凪』 ほか
一九五八(昭和三三)年　三三歳	四月、「3人の会」第三回作品発表会を新宿コマ劇場で開催、《エローラ交響曲》を初演指揮する。	《エローラ交響曲》	『螢火』 『欲』 『裸の太陽』 ほか
一九五九(昭和三四)年　三四歳	二月、微分音を用いた《Nyambe》をＮＨＫで放送初演する。 三月、團・黛とともに東芝レコードと専属契約を結ぶ。	《Nyambe》	『花のれん』 『花嫁の峰　チョゴリザ』 『野火』 ほか
一九六〇(昭和三五)年　三五歳	三月、「3人の会」第四回作品発表会を読売ホールで開催、オペラ《暗い鏡》(大江健三郎台本)を初演指揮する。	《暗い鏡》	『ぼんち』 『白い牙』

	できごと	主な音楽作品	主な映画作品
一九六〇（昭和三五）年　三五歳	五月、草笛光子と結婚。 九月、草月アートセンターの呼びかけで黛敏郎、武満徹、間宮芳生、林光ら八名と「作曲家集団」を結成する。		『最後の切札』 ほか
一九六一（昭和三六）年　三六歳	四月、「作曲家集団・グループ・エキシビションⅠ」のため、一九五七年発表の《パプア族の二つの旋律》をテープ音楽に改作し、舞踊をつけて上演する。	《パプア族の二つの旋律》（一九五七年発表の男性合唱作品をテープと舞踊のために再改作）	『猟銃』 『ゼロの焦点』 『黒い十人の女』 ほか
一九六二（昭和三七）年　三七歳	四月、「3人の会」の第五回作品発表会にあたる「3人の会による現代日本作品の夕」を大阪のフェスティバルホールで開催、《暗い鏡》を指揮する。同演奏会は大阪国際フェスティバルの一公演として催された。 五月、草笛光子と協議離婚する。	《弦楽のための音楽第一番（弦のための音楽）》	『破戒』 『左ききの狙撃者　東京湾』 『私は二歳』 ほか
一九六三（昭和三八）年　三八歳	一月、テレビ番組「私のクイズ」放送開始、司会者として出演する。 五月、高橋悠治、一柳慧ら一三名の音楽家とグループ「演奏家集団・ニューディレクション」を結成し、指揮者として活動する。		『雪之丞変化』（八木正生と共作） 『100万人の娘たち』 『太平洋ひとりぼっち』（武満徹と共作） ほか
一九六四（昭和三九）年　三九歳	NHK大河ドラマ『赤穂浪士』の音楽を一年にわたって担当する。 一月～二月、ニューヨークを訪問。 七月、ラジオ番組『オーナー』放送開始、テーマ音楽作曲のほか、パーソナリティーを務める（一九六六年一〇月始めまで）。	《お天道さま、ねこ、プラタナス、ぼく》	『続・拝啓天皇陛下様』 『五瓣の椿』
一九六五（昭和四〇）年　四〇歳	一月三一日公開の『波影』（豊田四郎監督）以降、四年近く映画の仕事から遠ざかる。 八月、ラジオ番組『今晩は音楽』の司会を務める（一九六六年四月まで）。 九月、テレビ番組『土曜パートナー』の司会を務める（一九七〇年九月まで）。		『波影』

一九六六(昭和四一)年	四一歳	三月、東京労音新交響楽団が東京労音から独立する。芥川は音楽監督・常任指揮者を継続して務める。	《弦楽オーケストラのための「影画」》
一九六七(昭和四二)年	四二歳	四月、ラジオ番組『百万人の音楽』開始、亡くなるまで同番組パーソナリティーを務める。 五月、日本フィルハーモニー交響楽団の定期演奏会で《オスティナータ・シンフォニカ》を初演する(渡邉暁雄指揮)。 八月、一九六〇年発表のオペラ《暗い鏡》を改作した《ヒロシマのオルフェ》をテレビ作品として発表する。 九月、日ソ青年友好委員会の派遣によって新交響楽団とソ連演奏旅行に赴く。	《オスティナータ・シンフォニカ》 《ヒロシマのオルフェ》
一九六八(昭和四三)年	四三歳	八月、《ヒロシマのオルフェ》がザルツブルク・テレビ・オペラ賞で審査員特別賞を受賞する。 九月一〇日、母・文逝去。父・龍之介を原作にしたバレエ音楽《蜘蛛の糸》作曲中の也寸志のすぐ近くで起こった出来事だった。 一一月、《蜘蛛の糸》がNHKで放送初演される(森正指揮)。	《蜘蛛の糸》
一九六九(昭和四四)年	四四歳	二月、東京交響楽団定期演奏会で《チェロとオーケストラのためのコンチェルト・オスティナート》を初演する(秋山和慶指揮、岩崎洸独奏)。 九月二〇日公開の『地獄変』(豊田四郎監督)で約四年ぶりに映画の仕事に携わる。	《チェロとオーケストラのためのコンチェルト・オスティナート》 『地獄変』
一九七〇(昭和四五)年	四五歳	五月、日本作曲家協議会副委員長に就任する。 六月、江川眞澄と結婚する。 一一月、東京交響楽団定期演奏会で《オスティナータ・シンフォニカ'70》を初演指揮する。	オスティナータ・シンフォニカ'70》(一九六七年に発表した《オスティナータ・シンフォニカ》の改作) 『影の車』
一九七一(昭和四六)年	四六歳	八月、岩波書店より『音楽の基礎』を刊行。現在に至るまで半世紀以上読まれ続けるベストセラーとなる。	《オーケストラのためのラプソディ》
一九七二(昭和四七)年	四七歳	八月、ヤマハ音楽振興会理事に就任する。 九月、長男・貴之志が誕生する。	

	できごと	主な音楽作品	主な映画作品
一九七三（昭和四八）年　四八歳	一〇月、鳥井音楽財団（現・サントリー音楽財団）の理事に就任する。		
一九七四（昭和四九）年　四九歳	七月、ヤマハ音楽振興会の委嘱によるエレクトーンとオーケストラのための協奏曲《GXコンチェルト》を初演する。 一〇月一九日公開の『砂の器』で音楽監督を務め、『影の車』以降約四年ぶりに映画の仕事に復帰する（作曲は菅野光亮が担当）。	《GXコンチェルト》	『砂の器』（芥川は音楽監督を務める）
一九七五（昭和五〇）年　五〇歳	二月、『砂の器』の音楽で菅野光亮とともに毎日映画コンクール音楽賞を受賞する。 六月、新交響楽団第二九回定期演奏会でストラヴィンスキーの三大バレエ音楽（《火の鳥》《ペトルーシュカ》《春の祭典》）を指揮する。		
一九七六（昭和五一）年　五一歳	九月、新交響楽団創立二〇周年記念演奏会「日本の交響作品展」を指揮する。		
一九七七（昭和五二）年　五二歳	三月、新交響楽団とともにサントリー音楽賞を受賞する。 四月、テレビ番組『音楽の広場』が開始、一九八四年三月まで七年間・二四五回にわたって司会と指揮を担当する。 一〇月、日本音楽著作権協会（JASRAC）理事に就任する。 この年、芦屋交響楽団の音楽監督に就任する。		『八甲田山』 『八つ墓村』
一九七八（昭和五三）年　五三歳	四月、前年手がけた『八甲田山』と『八つ墓村』の音楽によって、第一回日本アカデミー賞最優秀音楽賞を受賞する。		『事件』（松田昌と共作） 『鬼畜』
一九七九（昭和五四）年　五四歳	七月、著作権審議会臨時委員に就任する。 この年、旧東京音楽学校奏楽堂の保存運動を始める。	《語りとオーケストラのための「ポイパの川とポイパの木」》（岸田衿子台本）	『日蓮』 『配達されない三通の手紙』
一九八〇（昭和五五）年　五五歳	七月、日本作曲家協議会委員長に就任する。		『わるいやつら』 『震える舌』（小熊達弥と共作） 『一粒の麦からウイスキーとその世界』

一九八一（昭和五六）年　五六歳

三月、「反核・日本の音楽家たち」の活動を始める。

五月、第一回モスクワ現代音楽祭で《チェロとオーケストラのためのコンチェルト・オスティナート》を指揮する。

一〇月二〇日、長兄・芥川比呂志逝去。

一一月、日本音楽著作権協会理事長に就任する。

テレビ作品『月〜竹取物語より―音楽と舞踊による映像絵巻―』が第三三回イタリア賞・イタリア放送協会賞と第一〇回国際エミー賞優秀賞を受賞する。

一九八二（昭和五七）年　五七歳

七月、腹膜炎を患う。

九月、ローマで開催された著作者作曲者協会国際連合（CISAC）総会に出席、同理事に就任する。

九月一八日公開の『疑惑』が最後の映画音楽となる（毛利蔵人と共作）。


『幻の湖』

『疑惑』（毛利蔵人と共作）

一九八三（昭和五八）年　五八歳

四月、宮城フィルハーモニー協会理事および宮城フィルハーモニー管弦楽団音楽監督に就任する。

五月、日本作曲家協議会が社団法人となり、会長に就任する。

一〇月、著作権審議会委員に就任する。

一九八四（昭和五九）年　五九歳

四月、テレビ番組『N響アワー』の司会を始める（一九八八年一一月まで）。

五月、モスクワ現代音楽祭で《ヒロシマのオルフェ》を指揮する。

一〇月、日ソ音楽家協会の運営委員長に就任する。

一一月、CISAC総会副会長に就任、東京で国際会議を開催する。

一九八五（昭和六〇）年　六〇歳

三月、CISAC理事会に出席し、議長を務める。

五月、《ヒロシマのオルフェ》がモスクワのスタニスラフスキー記念ダンチェンコ劇場の正式レパートリーとなる。

九月、中国を訪問、北京・上海・西安を訪れる。

一〇月、著作権審議会委員に再任される。

一一月、紫綬褒章を受章する。

	できごと	主な音楽作品	主な映画作品
一九八六(昭和六一)年　六一歳	一月、モスクワで開催される日ソ音楽家協会の演奏会のためソ連を訪問する。 三月、第三七回日本放送協会放送文化賞を受賞する。 四月、CISAC理事会のためカナダのモントリオールを訪問する。 同月、エフエム東京開局一五周年記念委嘱作品である《交響組曲「東京」》初演(外山雄三、三枝成彰、石井眞木と共作)。第四曲に〈Allegro ostinato〉を提供する。 九月、東京交響楽団の中国演奏旅行に團伊玖磨とともに顧問として同行する。 一〇月、サントリーホールの落成式典で、委嘱作品《オルガンとオーケストラのための「響」》が初演される。 一一月、新交響楽団創立三〇周年記念演奏会「新響と三十年―芥川也寸志」開催される。 一二月、ヤマハ音楽振興会理事に就任する。	《オルガンとオーケストラのための「響」》 〈Allegro ostinato〉(《交響組曲「東京」》第四曲)	
一九八七(昭和六二)年　六二歳	五月、中国を訪問、北京・四川省を訪れる。 一〇月、保存運動を展開していた旧東京音楽学校奏楽堂の移築が完了する。 同月、著作権審議会委員に再任される。 一一月、再度中国を訪問、上海交響楽団を指揮して「日本交響作品展」の演奏会を催すほか、上海国際音楽コンクールの審査員を務める。		
一九八八(昭和六三)年　六三歳	二月、「伊福部昭先生の叙勲を祝う会」で《ゴジラの主題によせるバラード》を初演指揮する。 四月、ハーグで開催されるCISAC理事会のためヨーロッパを訪問する。 五月、昭和大学藤が丘病院に入院、肺癌と診断される。 六月、国立がんセンターに入院、手術を受ける。病床で委嘱作品《日扇上人奉讃歌・いのち》(なかにし礼作詞)の合唱部分を作曲する。 九月、日本作曲家協議会会長を辞任する。 一一月、再入院。	《ゴジラの主題によせるバラード》 《日扇上人奉讃歌・いのち》(絶筆・未完)	

一二月、再手術。

一九八九（昭和六四／平成元）年

一月三一日、肺炎による肺機能低下により六三歳で逝去。

二月、勲二等瑞宝章を受章する。

二月三日、密葬が行われる。

二月四日、『N響アワー』で追悼特集「芥川也寸志さんをしのんで」が放映される。

二月一九日、黛敏郎が司会を務める『題名のない音楽会』で追悼特集「芥川也寸志を悼む」が放映される。

二月二七日、青山斎場で本葬が行われる。

や

ら

わ

な

は

ま

さ

た

作品名索引（映画・楽曲・テレビ番組）

※複数回映画化されている映画作品には製作年を記した。楽曲は二重山括弧で括り丸括弧内に作曲家名を記し、テレビ番組は一重鉤括弧で括った。

あ

か

や

ら

わ

な

は

ま

さ

た

人物・団体名索引

あ

か

著者紹介
藤原征生（ふじわら・まさお）

1989年大阪府生まれ。京都大学大学院人間・環境学研究科共生人間学専攻博士後期課程修了。博士（人間・環境学）。

京都府京都文化博物館、東映太秦映画村・映画図書室などでの勤務を経て、現在は独立行政法人国立美術館国立映画アーカイブ特定研究員。

日本近代音楽史と日本映画史を専門とし、戦後日本映画産業をはじめとした映画学・音楽学双方のフィールドにまたがる研究を行う。

本書の制作にあたりまして、下記の関係者ならびに諸機関各位にさまざまな面で多大なるご協力ご支援を賜りました。またここにお名前を記すことを控えさせていただいた数多くの方々からも多大なるご協力ご支援を賜りました。ここに記して、深い感謝の意を表します。
（敬称略・順不同）
芥川麻実子、芥川貴之志、芥川眞澄、樋口尚文、城谷伶、木下千花
独立行政法人国立美術館国立映画アーカイブ
明治学院大学図書館付属遠山一行記念日本近代音楽館

芥川《あくたがわ》也寸志《やすし》とその時代《じだい》

戦後《せんご》日本映画《にほんえいが》産業《さんぎょう》と音楽家《おんがくか》たち

藤原征生［著］

2025年3月5日　初版第1刷　発行
ISBN　978-4-336-07733-2

発行者　佐藤丈夫
発行所　株式会社国書刊行会
〒174-0056　東京都板橋区志村1-13-15
TEL　03-5970-7421　　FAX　03-5970-7427
HP　https://www.kokusho.co.jp
Mail　info@kokusho.co.jp
印　刷　モリモト印刷株式会社
製　本　株式会社ブックアート
装　丁　村松道代

本書は「京都大学人と社会の未来研究院若手出版助成」を受けて刊行されました。